U0605346

美国孩子
喜欢问的为什么

关于科学的
有趣问题

张梦菲 编著

北方妇女儿童出版社
·长春·

版权所有　侵权必究

图书在版编目（CIP）数据

关于科学的有趣问题 / 张梦菲编著. -- 长春：北方妇女儿童出版社，2016.1
（美国孩子喜欢问的为什么）
ISBN 978-7-5385-9653-3

Ⅰ. ①关… Ⅱ. ①张… Ⅲ. ①科学知识－少儿读物
Ⅳ. ①Z228.1

中国版本图书馆 CIP 数据核字（2015）第 290487 号

关于科学的有趣问题

GUANYU KEXUE DE YOUQU WENTI

出 版 人	刘　刚
策　　划	师晓晖
责任编辑	佟子华　张　丹
装帧设计	李亚兵
开　　本	787mm×1092mm　1/16
印　　张	10
字　　数	150 千字
印　　刷	三河市兴国印务有限公司
版　　次	2016 年 1 月第 1 版
印　　次	2017 年 2 月第 2 次印刷

出　　版	北方妇女儿童出版社
发　　行	北方妇女儿童出版社
地　　址	长春市人民大街 4646 号
	邮编：130021
电　　话	编辑部：0431-86037512
	发行科：0431-85640624

定　　价：29.80 元

 # 前言

　　我们生活的世界是一个充满疑惑的世界，……是什么？为什么不……？……怎么样？这样的问题始终会伴随着每个人的一生。小时候，我们可能会问数字是怎么起源的？为什么蜂窝是六角形？加减乘除符号是什么时候出现的？面包里为什么会有许多小孔？机器人为什么可以听懂人话？

　　你想系统地了解这些知识吗？你想变成一个懂科学、爱科学的小朋友吗？本书将一一为你解答，让你变为一名博学、聪明的小朋友。

　　从某种意义上说，本书是一部人类科技发展的历史，从中我们可以看到科学是如何一步步发展，让我们的生活发生神奇改变的。我们希望，小朋友们在了解了这些知识后更能体会到科学的每一个微小进步，其实都是很多科学家多年艰辛付出的结果，从而培养小朋友们认真学习、刻苦钻研的精神，有朝一日你也会像那些科学家一样，为人类的发展贡献出自己的一份力量！

目录

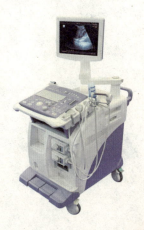

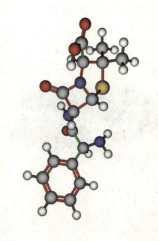

1 数字是怎么起源的？

原始时代，人们就注意到一只羊与许多羊在数量上的差异，也就是这个时候，人们渐渐形成了数的概念。为了表示数的差异，人们采用了"结绳记数"的办法。但是随着时间的推移，人们发现这种方法并不是很好，距今大约 5000 年前，书写记数以及相应的记数系统出现了。

2 阿拉伯数字为什么能通行世界？

你知道吗？阿拉伯数字是印度人发明的。可是，它为什么被称为阿拉伯数字呢？原来，印度人发明了这种数字后将它传到阿拉伯，12 世纪时又经阿拉伯商人传到欧洲。因此，欧洲人称它为"阿拉伯数字"，后来欧洲人将这种数字又传到世界其他地方，于是阿拉伯数字就通行世界了。

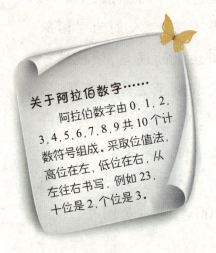

关于阿拉伯数字……

阿拉伯数字由 0、1、2、3、4、5、6、7、8、9 共 10 个计数符号组成。采取位值法，高位在左，低位在右，从左往右书写，例如 23，十位是 2，个位是 3。

3 0的意义是不是只能表示没有?

答案当然是否定的了,0具有多重意义。0既可以表示"没有",也可以作为某些数量的界限,如温度等。0是任何自然数(0除外)的倍数。0有占位的作用。0不能做除数,不能做分子,不能做比的后项。

4 为什么公历会有闰年?

2月一般是28天,但有时候却是29天,这时我们称这一年为闰年。闰年是怎么产生的呢? 我们知道,公历的平年是365天,但地球绕太阳一周是365天5小时48分46秒,多余的时间经过4年的积累,刚好构成了一天,人们为了消除历法上的误差,便把这一天加到了2月的末尾。所以,凡是能被4整除的年份,都是闰年,但是当年份是整百数时,必须能被400整除才是闰年。

Sunday	Monday	Tuesday	Wednesday	Thursday	Friday	Saturday
		1	2	3	4	
5	6	7	8	9	10	11
12	13	14	15	16	17	18
19	20	21	22	23	24	25
26	27	28	29			

▲ 闰年的2月有29天

5 加减乘除符号最早出现在什么时候？

　　小朋友们经常会被问道"1+1=？""4－2=？"等类似的问题。听到这里你有没有想到，加减乘除是谁提出来的，表示它们的符号又是什么时候诞生的？其实，它们是由不同的人在不同的时间里提出来的。1514年，荷兰的赫克首次用"＋"表示加法，用"－"表示减法。以"×"代表乘是英国数学家奥特雷德首创的。他于1631年出版的《数学之钥》中引入这种记法。除法符号"÷"是英国的瓦里斯最初使用的，后来这一用法在英国广泛流传起来。

科学真相

　　英国数学家奥特雷德于1631年首次以"×"表示两数相乘，莱布尼茨于1698年7月29日给J.伯努利的一封信内提出以圆点"·"表示乘，以防"×"号与字母"X"相混淆。

6 高斯是怎样快速算出"1+2+3…+100=？"的？

　　1+2=3,3+3=6,6+4=10,10+5=15……对这样简单的运算可能难不倒我们，可是如果一直加下去"1+2+3…+100"你能在几秒钟内给出正确的答案吗？高斯就可以。聪明的高斯发现前面的第一个数和最后面的数这样对应的依次相加，都是101，共有50个101，所以最终答案就是5050。

为什么有时候我们只求近似值?

在许多科学问题上,我们必须把时间算得很准确。例如,原子物理学中提到一种"超子"的寿命只有10~20秒,要弄清它的年龄就要准确到秒才行。然而我们在计算年龄时通常会说某人几岁了,没有必要精确到月、日、时、分、秒。

那么究竟什么是近似值呢?它其实是一个接近标准、接近完全正确的数字。例如,这袋苹果重3.05千克,我们会说它重3千克。求近似值可以让许多日常生活中的复杂问题变得简单,所以有时候我们就只求近似值。

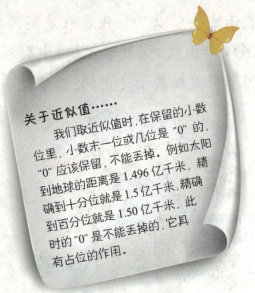

关于近似值……

我们取近似值时,在保留的小数位里,小数末一位或几位是"0"的"0"应该保留,不能丢掉。例如太阳到地球的距离是1.496亿千米,精确到十分位就是1.5亿千米,精确到百分位就是1.50亿千米,此时的"0"是不能丢掉的,它具有占位的作用。

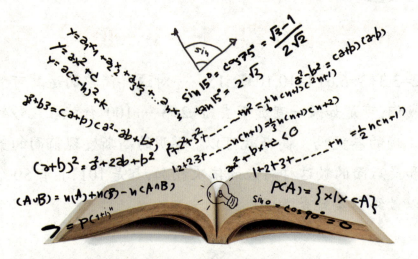

猜猜看:我们最常用的求近似值方法是什么?

8 为什么称π计算是"马拉松计算"？

圆的周长与直径之比叫作圆周率，圆周率是一个常数，记为π。第一个用正确方法计算出π值的，要算中国魏晋时期杰出的数学家刘徽，他用圆内接正多边形的边数无限增加时，其面积接近于圆面积的方法，得出π=3.1416。公元460年，数学家祖冲之计算出π值介于 3.1415926 和 3.1415927 之间。今天，虽然人们已将π的数值精确到小数点后的数亿位，但它仍是一个近似值。因此，人们将π值的计算称为"马拉松计算"。

▲ π=3.1416……

9 黄金分割是怎么回事？

把一条线段分割为两部分，使其中一部分与全长之比等于另一部分与这部分之比。其比值是一个无理数，取其前三位数字的近似值是 0.618。由于按此比例设计的造型十分美丽，因此称为黄金分割，也称为中外比。这是一个十分有趣的数字，这个数值的作用不仅仅体现在诸如绘画、雕塑、音乐、建筑等艺术领域，而且在管理、工程设计等方面也有着不可忽视的作用。

10 什么叫百分比?

百分比,又称百分率、百分数,是一种表达比例、比率或分数数值的方法,采用符号"%"(百分号)来表示。例如,1%即代表百分之一,或 1/100 或 0.01。因为百分数的分母都是 100,便于比较,所以它有着十分广泛的应用,特别是在进行调查统计、分析比较时,经常要用到百分数。例如,新闻报道里面经常会说,上季度 GDP 为百分之多少,比上年同期增长多少等。

▲ 百分比

11 什么叫作比例尺?

比例尺是表示图上距离比实地距离缩小或放大的程度。公式为:比例尺=图上距离:实际距离。根据这个公式,当已知任意两个数时我们就可以算出未知的数字了。

比例尺有三种表示方法:数字式比例尺、图示比例尺和文字比例尺。例如地图上 1 厘米代表实地距离 500 米这样的文字表示方法还可以写成:1:50000 或在地图上画一条线段,并注明地图上 1 厘米所代表的实际距离。

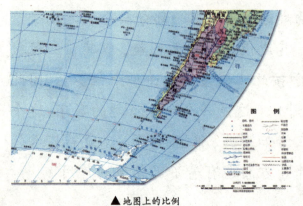

▲ 地图上的比例

12 尺子上的单位是怎么来的？

现实生活中，我们经常会用到尺子，例如买衣服时我们会用皮尺量自己的身高、肩宽等。做几何题时我们要量图形的长、宽、高等。可是你知道尺子上的单位是怎么来的吗？其实这是一种人为规定。1790年5月，法国科学家组成的特别委员会，建议以通过巴黎的地球子午线全长的四千万分之一作为长度单位——米。不久，"米"就成为世界统一使用的公制单位。后来，人们为了更方便地衡量物品，还将米细分为分米、厘米、毫米并刻在尺子上，于是就有了尺子上的单位。

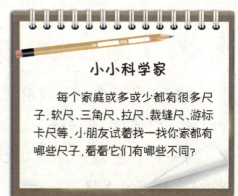

小小科学家

每个家庭或多或少都有很多尺子，软尺、三角尺、拉尺、裁缝尺、游标卡尺等，小朋友试着找一找你家都有哪些尺子，看看它们有哪些不同？

13 什么是十进位制？

十进位制是一种应用非常广泛的进位制，如我们计数、点钱都会用到它。十进位制主要包含两层含义：一是"十进制"，即每满十数进一个单位，十个一进为十，十个十进为百……其二是"位值制"，即每个数所表示的数值，还和它所处的位置有关。如数字"2"放在个位上表示 2，放在十位上就表示 20。

14 中国古代的进位制是什么样的？

中国的度量衡在秦以前，各个诸侯国之间并不统一。秦灭六国统一中国后，也统一了度量衡。度是寸、尺、丈：十寸为一尺，十尺为一丈。量是升、斗、石(dàn)：十升为一斗，十斗为一石。衡是钱、两、斤：十钱为一两，但过去十六两是一斤。这是一个奇怪的例外。后来有了钱币，也是十进位：十分为一角，十角为一元。

15 什么是六十进位制?

六十进位制是以 60 为基数的进位制,源于公元前 3 世纪的古闪族,后传至巴比伦,流传至今。与其他进位制不同,六十进位制在一般运算和逻辑中并不常用,主要用于计算角度、地理坐标和时间。例如,一小时等于 60 分钟,而一分钟则为 60 秒;在农历中,有六十甲子这一说法,它以天干、地支两者经一定的组合方式搭配成六十对,成为一个周期。

▲ 一小时相等于 60 分钟,而一分钟则为 60 秒

16 为什么计算机要使用二进制?

计算机是 20 世纪在科学技术发明上的一个伟大创举,对人类的生产活动和社会活动产生了极其重要的影响。最初,计算机主要应用于军事科研领域,如今已经深入到人们生活的各个方面。与此同时诞生了诸如超级计算机、网络计算机、个人计算机、生物计算机等不同种类的计算机。拥有如此强大功能的计算机为什么会使用二进制呢?

其实,计算机都采用二进制,是因为在物理器件中容易实现二进制的表示。其次,二进制可以节省制造设备。另外,二进制的运算法则十分简单,便于记忆,易于让机器进行操作。

17 金字塔的高度是怎么测量的？

金字塔是古埃及国王的陵墓，建于公元前2000多年。目前，埃及共发现金字塔90多座。古埃及人信奉来世观念，因此活着的时候，就诚心备至地为死后做准备。每一个有钱的埃及人都要忙着为自己准备坟墓，尤其是法老和贵族，他们会花费巨资为自己去建造富丽堂皇的金字塔，以使他们能在死后同生前一样生活得舒适如意。古埃及人民仅靠简单的工具，竟能建造出这样雄伟而精致的建筑，真是奇迹！小朋友一定好奇，它的高度是多少呢？希腊数学家、文学家泰勒斯曾利用相似三角形的原理，测出了金字塔的高度。他在金字塔顶部的影子处立一根杆子，借助太阳光线构成两个相似三角形，塔高与杆高之比等于两者影长之比。由此，就可以算出金字塔的高度了。

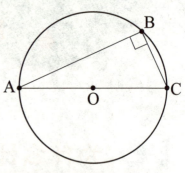

▲ 泰勒斯定理：如果AC是直径，那么∠ABC是直角

猜猜看：世界上最大的金字塔是哪个？

18 海岸线的长度能精确测量吗?

海岸线是陆地与海洋的交界线,一般分为岛屿海岸线和大陆海岸线。这些海岸线还在不断地发生着变化,有的海岸线会向海洋推进,有的则会向大陆推进。海岸线的长度是由卫星来测量的。海岸线的长度能否精确测量可以反映出一个国家的科技实力。但是,即使科技最先进的国家也不能够精确测量出海岸线的长度。这是因为海岸线是由自然的力形成的,它不是普通意义上的曲线。而我们通常所说的海岸线长度,最多只能说是海岸线"轮廓"的长度是多少千米。

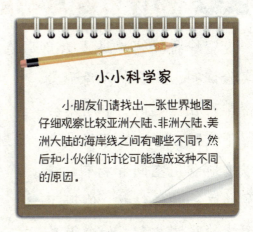

小小科学家

小朋友们请找出一张世界地图,仔细观察比较亚洲大陆、非洲大陆、美洲大陆的海岸线之间有哪些不同?然后和小伙伴们讨论可能造成这种不同的原因。

19 为什么放大镜不能把"角"放大？

原来，一个角是由两条射线组成的，角度的大小就由这两条射线的位置，即张开的程度所决定。角经放大镜放大以后，这两条射线的粗细和长短被放大了，但张开的程度不会改变，角度仍旧不变。所以，放大镜只能把东西的各部分成比例地放大，而形状不变。在数学上，成比例地放大后的图形与原来的图形，被称为是"相似形"，相似形的对应边成比例，而对应角却是相等的。

20 为什么蜂窝都是六角形？

蜜蜂将蜂窝建造成六角形绝对不是偶然的。科学家们通过实验证明，当多个六角形紧密排列在一起时，中间不会留下空隙，这样就可以最大限度地利用空间和材料。蜂窝的这一独特结构，体现了蜜蜂的聪明才智，如今很多建筑师都悄悄地像蜜蜂学习，将这种原理运用到自己的作品中。

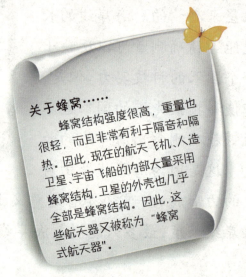

关于蜂窝……
蜂窝结构强度很高，重量也很轻，而且非常有利于隔音和隔热。因此，现在的航天飞机、人造卫星、宇宙飞船的内部大量采用蜂窝结构。卫星的外壳也几乎全部是蜂窝结构。因此，这些航天器又被称为"蜂窝式航天器"。

21 为什么大多数容器都是圆柱体?

我们使用的水杯、茶杯、热水瓶、汽油桶等大部分容器都是圆柱体,这并不是巧合,而是人类经过仔细的研究之后,最终定下来的。这究竟是为什么呢?这是因为圆柱体与容积大小相等的正方体或长方体相比,其表面积最小。也就是说,用同样多的材料做成的圆柱体容器要比方体容器的容积更大,也就能装更多的液体。这对一个企业来说就是利用最少的投资获得最多的回报。

22 为什么要用方盒子装牛奶?

超市里大多数饮料都是放在开放式货架上的,这种架子便宜,平常也不存在运营成本。但牛奶则需专门装在冰柜里,冰柜里的存储空间又相当有限,而方形容器可以一层层摆放,更能有效地利用货架空间。这便是生产者放弃圆柱形容器,而选择方盒装牛奶的原因。

▲ 牛奶盒

▲马德堡半球实验想象图

23 马德堡半球实验是怎么回事?

17世纪的时候,德国有一个热爱科学的市长,名叫奥托·冯·格里克。他是个博学多才的军人,从小就喜欢读书,爱好科学。他从莱比锡大学毕业后,1621年又到耶拿大学攻读法律。1623年,再到莱顿大学钻研数学和力学。1631年他入伍了,在军队中担任军械工程师,后来他当选为马德堡市市长。无论是军旅生涯还是从政生涯,他都没停止科学探索。

1654年,这位热心的市长听到许多人不相信大气压的存在,还有少数人在嘲笑托里拆利,他对此感到很生气,为托里拆利抱不平。于是,奥托·冯·格里克将两个可以吻合的铜质空心半球内的空气全部抽掉,然后用两队马往相反的方向各拉一个半球。因为球外的大气压强比球内大,所以球并没有拉开。这就是著名的马德堡半球实验,它向人们证明了大气压是存在的。

24 为什么我们感觉不到空气有压力?

我们人体感觉不到空气有压力是因为我们的身体里也有空气,而且非常有意思的是,我们身体里空气的压力和外界空气的压力刚好相同,于是它们就相互抵消了,我们也就感觉不到外界空气的压力了。试想一下,如果我们的身体中没有空气会怎么样?毫无疑问,我们的身体是会被空气压得扁扁的。

科学真相

PM2.5 是指大气中直径小于或等于 2.5 微米的颗粒物,也称为可入肺颗粒物。它表示每立方米空气中这种颗粒的含量,这个值越高,就代表空气污染越严重,对人体造成的伤害也就越大。

25 什么是力？

　　人们把物体之间的相互作用称为"力"。当物体受其他物体的作用后，能使物体获得加速度或者发生形变的都称为"力"。任何两个物体之间的作用总是相互的，施力物体同时也一定是受力物体。两个物体之间什么情况下会产生力呢？答案是有且只有它们二者之间存在不平衡，也就是说两者只有存在不平衡才会有力的产生。引力、电磁力、强力等所有力的产生都要遵循这一点。

▲ 相互的力

26 什么是惯性？

　　我们把物体保持运动状态不变的特性叫作惯性。它是一切物体固有的属性，无论是固体、液体或气体，无论物体是运动还是静止，都具有惯性。例如，当我们骑自行车走下坡路时，即使我们根本没有蹬动自行车它还是会继续前行很久，才会渐渐停下来。我们明明没有施加外力，自行车会继续保持前行的状态，就是惯性的作用。

27 什么是摩擦力？

当两个物体相互接触时，在接触面上会发生阻碍相对运动的力，这个力就叫作摩擦力。摩擦力分静摩擦力、滑动摩擦力和滚动摩擦力三种。大家可不要小瞧摩擦力，它的作用可大着呢！假如没有摩擦力，我们将无法行走，也握不住任何东西，那么我们的生活将混乱不堪。

◀ 有了摩擦力，我们才可以握住东西

28 走斜坡时怎样更省力？

我们从低处往高处走时，比在平地上走路要吃力多了，这是万有引力的缘故。那么，有没有比较省力的走斜坡的方法呢？当然有了，"之"字形的走法就是一个不错的选择。走"之"字形路线，斜坡会在不断的回绕中降低坡度，我们走起来就会比直着走省力多了。

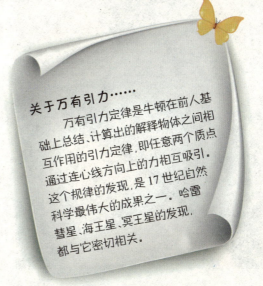

关于万有引力……

万有引力定律是牛顿在前人基础上总结、计算出的解释物体之间相互作用的引力定律，即任意两个质点通过连心线方向上的力相互吸引。这个规律的发现，是17世纪自然科学最伟大的成果之一。哈雷彗星、海王星、冥王星的发现，都与它密切相关。

29 船浮在水上，为什么不会沉下去？

　　轮船是重要的水上交通工具，最初的船很简陋，例如独木舟、竹筏、皮筏子等，这些简陋的船无法满足人类的要求。后来，空心的铁板船开始进入了人们的视线。再后来，人们把蒸汽机和内燃机装到船上，靠机器的力量推动船在水面行驶。今天，船仍然在慢慢地发展着。船是我们人类认识海洋的工具，承载了人类的海洋文化。为什么船可以在水上漂浮呢？这是因为它受到水的浮力作用，不过这并不代表着它永远都可以安全地漂浮在水面上。当船的重力和浮力作用不对等时，它就会开始下沉。例如，船在触礁后，水就会进入船体内，这样船对水的重力和水对船的浮力发生改变，船也就开始下沉了。

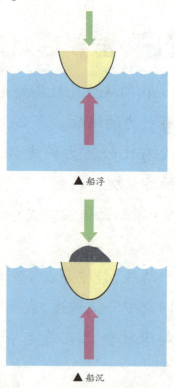

▲ 船浮

▲ 船沉

30 为什么消毒棉花放在水里立即会下沉,而普通棉花却漂浮在水面上?

普通的棉花纤维表面有一层薄薄的油脂,当我们把这种棉花放在水里时,因为油脂的作用它会浮在水面上。而医用棉花经过氢氧化钠、碳酸钠等碱性物质进行过脱脂处理,丢失了这层油脂的保护。所以这种棉花遇水后会立即下沉,吸收大量的药液,便于医疗应用。

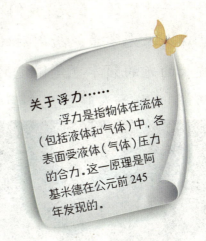

关于浮力……

浮力是指物体在流体(包括液体和气体)中,各表面受液体(气体)压力的合力。这一原理是阿基米德在公元前245年发现的。

31 为什么浮在水面的东西不能随着水向外漂?

浮在水面的东西不能随着水向外漂,这与水波有着莫大的关系。水波属于一种近似横波,在波上的每一个点都是上下震动,而不能随波迁移。所以,水波上面的物体只能跟随着水波一起做上下震动,而不能向外漂。

▶ 水波

32 光的颜色是由什么决定的？

　　科学家们经过研究发现在本质上，光的颜色是由它的频率和波长决定的。但是，我们在观察物体时，所看到的光的波长是其在人眼光学系统折射后的波长，与它所处的介质无关。一定波长的光的频率也是固定的。所以，我们看到的颜色是由光的频率、波长和人眼这几个因素共同决定的。

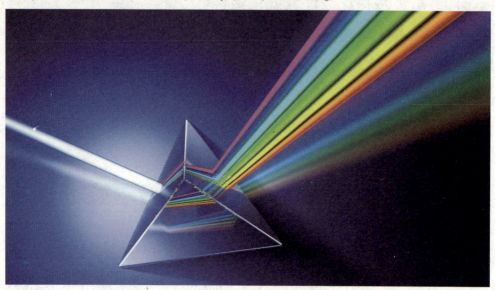

33 光波能"跑"多快？

　　光在不同的物质中传播速度是不同的。现代科学测定，光在真空中的速度是：299792458 米／秒，通常近似地认为光速是每秒 $3.0×10^8$ 米／秒。然而在其他物质中光的传播速度都略小于真空中的传播速度。例如光在水中的速度是 $2.25×10^8$ 米／秒；光在玻璃中的速度是 $2.0×10^8$ 米／秒，光在冰中的速度是 $2.30×10^8$ 米／秒。

34 什么是三原色？

　　三原色是七色光中三种最基本的有颜色的光，即红、绿、蓝色光。其他颜色的光都可以用这三种色光混合得到，而这三种色光却是不可能靠其他色光混合得到的。例如，一幅美丽的油画作品能够完美地呈现在我们面前就是三原色的功劳！

▲ 美丽的油画

小小科学家

　　准备工作：3个量杯，红绿蓝3种液体，并分别配上吸管

　　请小朋友们给3个量杯中接上清水，然后分别将3种颜色的液体滴入装水的杯子，搅拌均匀，接着再给每个杯子中滴入不同于第一种颜色的液体，看看发生了什么变化？

35 什么是看不见的光？

　　太阳光是最重要的自然光源。它包含了多种光，其中红、橙、黄、绿、蓝、靛、紫这七种光是我们的眼睛能够看到的，然而它还包含了许多我们看不见的光。例如紫外线、红外线等。红外线虽然不可见，但是通过红外线的照射，可以让物体的温度升高，任何物体都可以辐射红外线，并且温度较高的物体发出的红外线也越多。

36 什么是静电?

　　静电是一种处于静止状态的电荷。在干燥和多风的秋天,在日常生活中,人们常常会碰到这种现象:晚上脱衣服睡觉时,黑暗中常听到噼里啪啦的声响,而且伴有蓝光,这就是我们现在所要讲的静电。对付烦人的静电,我们应该尽量选用纯棉制品作为衣物和家居饰物的面料,尽量避免使用化纤地毯和以塑料为表面材料的家具,以防止摩擦起电。另外,勤洗澡、勤换衣服,也能有效消除人体表面积聚的静电。

▲ 静电

37 电是什么? 它是从哪儿来的?

　　电视机、电脑、电冰箱、电热水器、上下楼用的电梯等需要运行,都离不开与我们生活密切相关的电。既然电对我们的生活会产生如此大的影响,那么小朋友们知道究竟什么是电吗? 它是从哪里来的呢? 其实,电是一种自然现象,是一种能量。科学家已经发现物质都是由原子组成的,原子是由质子和中子以及在外层围绕它们旋转的电子组成的。电子平时被束缚在原子里,受到外力影响时定向流动就形成电流,也就是我们常用的电。

38 富兰克林是怎样捕捉到雷电的?

　　捕捉雷电听起来是多么疯狂的一件事情啊!可是聪明的富兰克林做到了。他在空旷地带将上面装有一个金属杆的风筝放上高空。闪电从风筝上掠过时,他用手靠近风筝上的铁丝(另一个说法是铜钥匙),立即传来一种麻木感,那就是电。随后,他将风筝线上的电引入了莱顿瓶中保存起来。

39 为什么会出现雷电现象?

　　天上的积雨云在运动时,由于相互摩擦会产生大量电荷,其中正电荷聚集在云的上端,负电荷聚集在云的下端。当积雨云所带电荷达到一定程度时,就会穿过空气放电,这就是我们看到的闪电。放电过程会导致周围空气急剧膨胀,发出巨大的轰隆声,这就是我们听到的雷鸣。

40 保险丝的作用是什么？

　　小小的保险丝作用可大着呢！保险丝也被称为熔断器，是一种安装在电路中，保证电路安全运行的电器元件。当电路出现故障或异常时，电流会不断升高，有可能损坏电路中的某些器件，也有可能烧毁电路甚至造成火灾。这时保险丝就会在电流异常升高到一定程度时，自动熔断并切断电流，从而起到保护电路安全运行的作用。100多年前由爱迪生发明的保险丝用于保护当时昂贵的白炽灯，今天它已经广泛应用于各种电器中，例如，吹风机、电热器等。

▲ 玻璃管状小型保险丝

▲ 吹风机

猜猜看：绝缘体在加热、高压等影响下，会转化为导体吗？

41 什么是绝缘体?

电给人类带来方便的同时,也有诸多隐患,例如触电就是一件非常危险的事情。有没有什么东西可以避免这种事情的发生呢?当然有了,绝缘体就可以做到。绝缘体是指不善于传导电流的物质或不容易导电的物体,又称为非导体。它们的电阻率极高,是一种阻碍电荷流动的材料。生活中常见的绝缘体有:塑料、橡胶、陶瓷、空气等。

小小科学家

准备工作:1个灯泡、一些电线、1节电池、1把金属尺子、1个塑料勺子

请小朋友用电线将灯泡和电池接起来,你就会发现灯泡会亮起来。这时候再将电路切断,分别用已经准备好的尺子、勺子等物品将电路再次连接起来,哪个物品可以让灯泡再次亮起来?

▲ 塑料袋

42 磁铁为什么有磁性？

磁铁不是人发明的，是天然的磁铁矿。这种石头可以神奇地吸起小块的铁片，而且在随意摆动后总是指向同一方向。司南就是根据这一原理发明的。那么磁铁为什么有磁性呢？

我们都知道世间的一切物体都是由分子组成的，而分子又由比它更小的原子构成的。原子内的无数电子不停地绕着原子核转动并产生磁性。我们熟知的其他物体不会显示磁性，是因为物体内部分子排列比较杂乱无章，磁性相互抵消了。而磁铁有磁性，是磁铁内部分子排列较为特殊，它们紧密整齐地排在一起，磁性自然就显现出来了。

不可思议

科学为我们解释了鸟类、鲸类等动物是如何在迁徙过程中识别方向的。其中有相当一部分动物能感应到地球的磁场，从而辨别方向。

43 磁铁中部有磁性吗？

一块完整的磁铁，我们将它拦腰截断，它便不会有磁性了吗？当然不会了，磁铁的每部分都有磁性，只不过两极磁性较强，中部较弱。如果我们把一块磁铁从中间断开，新诞生的两块磁铁都会有磁性，而且每段仍然是两极磁性较强，中部较弱。

44 为什么指南针总是指向南方?

地球本身就是一个非常大的磁体,它和磁铁一样,也有两个极,一个叫地磁北极,一个叫地磁南极。因为指南针只有一个磁针,并且可以自由移动,而磁铁总是遵循着同性相斥、异性相吸的原理,所以指南针的北极就总是指向地球的南方。人们就是利用指南针的这一原理在野外辨别方向的!

45 什么叫磁场?

磁场是一种看不见摸不着的特殊物质。磁铁的周围都存在着磁场,它会对放在其中的磁针有磁力作用。磁体间的相互作用就是通过磁场进行的。由于磁体的磁性来源于电流,而电流是电荷的运动,因此我们可以说磁场是由运动电荷或变化电场产生的。

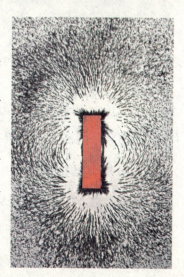

▶ 磁场

46 为什么要建造桥和隧道？

交通工具的出现带动了交通设施的飞速发展。为了节省人们出行的时间，桥梁和隧道就诞生了。不过，桥梁很早以前就出现了，而隧道则出现的比较晚。两者到底有什么不同呢？

简单来说，桥梁就是供铁路、渠道、管线等跨越河流、山谷等使用的建筑物。隧道与此十分相似，通常是穿凿在山岭、河流及地面以下的通道。随着科学技术的进步，现在越来越多的海底隧道也出现了，它已成为现代交通中非常重要的一部分，给人们的出行带来了极大的便利。

▲ 隧道

47 为什么大多数的桥要建成拱形？

在生活中我们发现，大多数桥都是拱形的，看上去非常美观！其实，桥设计成拱形除了考虑美观之外，还有重要的科学道理。首先，把桥建成拱形，可以分散桥承受的压力，使桥变得更加坚固。此外，汽车在向上凸起的拱形桥上行驶时，由于走的路线是弧形，会受到向下的向心力，因此对桥的压力比自身重量要小，这也相当于增强了桥的承受能力。

48 军队经过大桥时为什么要齐步走?

18世纪中叶,法国昂热市一座102米长的大桥上正巧有一队雄赳赳气昂昂的士兵经过。当他们在指挥官的口令下迈着整齐的步伐过桥时,意想不到的事情发生了。原本好好的桥梁突然断裂了,200多名官兵和行人因此丧生。事情发生后引起了人们的广泛关注,这究竟是为什么呢?

其实这是共振造成的。因为大队士兵迈正步走的频率正好与大桥的固有频率一致,使桥的振动加强,当它的振幅达到最大以至超过桥梁的抗压力时,就会出现断裂。类似的事情在其他国家也发生过。鉴于成队士兵正步走过桥时容易造成桥的共振,所以后来各国都规定大队人马过桥时要齐步通过。

▲ 架设桥梁时,桥的一头装有滑棍,这样在桥面的一端留有活动的余地,能避免热胀冷缩造成的破坏

49 声音能"跑"多快?

远远地你就能听到同伴的呼唤,这说明声音可以从他那边"跑"到你身旁。那么,声音可以跑多快呢?科学家们经过长期的实验研究发现,在不同的温度环境下声音传播的速度也是不同的。例如,在零下30℃时,声音每秒钟可以跑 313 米;而在常温下,声音的速度就相对快一点,可以达到每秒钟 340 米。

▲ 企鹅的叫声

50 什么是噪音?

噪声是发生体做无规则振动时发出的声音。和美妙的音乐极为不同,噪音可以扰乱人们的心境,使人变得烦躁易怒,无心

工作和学习,严重危害人们的身心健康。噪音污染多种多样,概括起来主要源于交通运输、车辆鸣笛、工业噪音、建筑施工、高音喇叭、人和人的大声说话等。

51 什么是超声波?

声波是指人耳能感受到的一种纵波,其频率范围为16~20000赫兹。超声波是指频率超过人类耳朵可以听到的最高值2万赫兹的声波,它拥有方向性好,穿透能力强,易于获得较集中的声能,在水中传播距离远等多方面的优点。目前,超声波已广泛用于医学、军事、工业、农业等各个方面。医院里最常见的彩超、B超、碎石等都需要超声波的帮忙。

不可思议

盲人探路仪能接收超声波,然后把它转换成不同的声响,可以探测出10米以内的电杆、台阶等,帮助盲人顺利行走。

▶ 医疗检查超声波扫描仪

52 次声波是声波中的"长跑健将"吗?

次声波是频率小于20赫兹的声波。次声波不易衰减,不易被水和空气吸收,传播的距离较远,能传到几千米至十几万千米之外。某些次声波甚至能绕地球2~3周。所以人们称它为声波中的"长跑健将"。在自然界中,海上风暴、火山爆发、地震、磁暴等都可能伴有次声波的发生,其中某些次声波还可能和人体产生共振,对人体健康产生威胁。

53 什么是分子？什么是原子？

一切物质都是由分子构成的，分子是保持物质独立存在及其特有化学性质的最小微粒。一种物质与其他物质相比，具有不同的性质，是因为组成它的分子不同。而原子是构成自然界各种元素的基本单位，其体积和质量都很小。

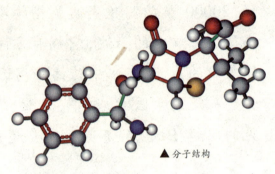

▲ 分子结构

54 为什么说万物是由元素组成的？

经过众多科学家的研究发现，万物都是由一些为数不多的最简单的物质，如碳、氢、氧、氮、铁等组成的。这些元素以不同的种类、不同的数量"结合"起来，就组成了大量较复杂的化合物。元素周期表由门捷列夫于1869年创造，现在元素周期表的外观曾经过改变以及扩张。对于如今的化学界来说，要发现一个新的化学元素已经是非常艰难了，如果能够发现并命名一个新的化学元素，那简直是一件轰动世界的事情。

元素周期表

猜猜看：是谁最先把氢气收集起来并进行认真研究的？

▲ 热气球

55 世界上最轻的元素是什么？

世界上最轻的元素是氢，其化学符号为"H"，在元素周期表中位于第一位，是最轻的元素。此外，它还是宇宙中含量最多的元素，大约占据宇宙质量的75%。但是，在地球上，自然条件形成的游离态的氢单质则比较罕见。在高温下氢非常活泼。除稀有气体元素外，几乎所有的元素都能与氢生成化合物。

氢气无色无味，是最轻的气体，所以它常常被用来充满气球和飞艇，带着人们飞上天空，欣赏陆地上的景色。尤其是小朋友们都非常期待有这么一次特别的经历。

不可思议

纯净的氢气与氧气的混合物燃烧时竟然可以放出紫外线呢！虽然人们看不见它，但是对人造成的伤害是不可忽视的。

56 金、银为什么不易生锈，而铁容易生锈？

金、银不容易生锈，主要是因为它们的化学性质太不活泼了，几乎不与其他元素化合。然而，金和银并不是不会生锈。有一种强酸王水，它是由一份硝酸与三份盐酸混合后得来的。在王水中，金会被锈蚀，产生氯化金和硝酸金。和金相比，银更容易生锈，除了王水，硫磺也会使它生锈，变成黑色的硫化银。

◀ 铁生锈

铁容易生锈是因为铁的化学性质十分活跃，它一碰到空气中的氧气和水蒸气，就立马和它们发生化学反应，生成氧化铁。

57 铅为什么总是灰的？

铅是一种银白色的金属，十分柔软，我们用指甲就可以在它表面划出痕迹。我们常见的铅常常是灰色的。这是因为铅很容易生锈（氧化），生成灰黑色的氧化铅，使它原本的银白色变得黯淡无光。不过有了这层灰色的薄膜，内部的铅就不会被进一步氧化了。

不可思议
铅有一个非常了不起的本领——阻挡X射线和放射性射线。因此，在医院里，大夫做X射线透视诊断时，胸前常有一块铅板保护着。

58 不锈钢会生锈吗?

如今,不锈钢器皿已经占据了人们生活的很大一部分。但是你知道吗? 不锈钢也会生锈。金属生锈与不生锈都是相对而言的,不可能存在绝对不生锈的金属,就连最不容易生锈的金和铂,碰上了溶解金属能力特别强的溶液,例如王水,也会腐蚀生锈。

不锈钢的成分中除了铁,还有铬、镍、铅、硅等。加入这些元素以后,钢的性能就会发生改变,它的表面还会形成一层密集的氧化物保护膜,从而大大提高了不锈钢的耐腐蚀能力,所以不锈钢可以抵御大气、水、酸、碱等各种溶液对它的腐蚀而不易生锈。

▲ 不锈钢锅具

59 铜为什么有各种不同的颜色?

铜是人类最早发现和应用的金属之一。纯铜是紫色的,铜会有各种不同的颜色,是因为人们在纯铜中掺入其他金属制成了合金,如黄铜、青铜和白铜。其中,我们常见的黄铜是铜和锌的合金,因为锌含量的不同,黄铜会有红黄色、棕黄色、淡黄色、金黄色等不同的颜色。

60 物质有三种状态吗?

人们常说"物质有三态",即固态、液态、气态三种状态。但从物质内部的结构来考虑,物质就远不止三态了。有些固体,内部的分子或原子以规则、对称、周期性的结构状态出现,叫结晶态。另一些所谓固体,如玻璃、沥青、电木、塑料等等,虽然在常温常压下也具有固定的体积和外形,也不明显地表现出流动性,但内部结构却更像液体,这种状态叫玻璃态。

▲ 塑料瓶子

▼ 玻璃晶体

小小科学家

准备工作:适量冰块 烧杯 酒精灯 打火机

请小朋友们将准备好的冰块放入烧杯中,然后将烧杯固定在点燃的酒精灯上,紧接着开始加热,几分钟后你会发现原本是固体的冰块有哪些变化?

猜猜看:哪一年加拿大化学家首次合成了氙和氟的化合物?

61 惰性气体为什么会"懒惰"?

氦、氖、氩、氪、氙、氡六种气体,叫作惰性气体。它们是一类非常"懒惰"的气体,很难与别的物质作用,生成真正的化合物。这并不是它太懒的缘故,而是自身的"身体"结构决定的。这类气体的结构相当稳定,因此不需要和"别人"化合了。惰性气体虽然懒惰,但是并不影响人们对它的应用,如今这些气体可以广泛应用于工业、医疗、光学应用等领域,合成惰性气体稳定化合物,有助于科学家进一步掌握惰性气体的化学性质及其未来的更好应用。

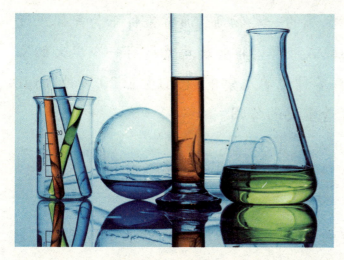

▲ 化学实验室玻璃器皿设备

62 气体能溶解在固体里吗?

这个问题听起来简直有点不可思议,但是这种情况果真存在着,即使不是很常见。例如钯是一种银白色的金属,化学性质非常稳定,但它可以轻松地捕获氢气。科学家们研究发现,在常温下,1体积的钯可以溶解约700体积的氢气。怎么样,看到这个数字你感到吃惊吗?

63 什么是金属？什么是非金属？

▲ 金属面罩

金属是一种具有光泽，富有延展性，具有导电、导热等性质的物质。在自然界中，除了少数金属，例如金、铂、银、铋以游离态存在，其他大部分金属都是以化合态的形式存在着。

非金属是不同于金属的一类物质，通常条件下为气体或没有金属特性的脆性固体或液体。非金属元素也有一个庞大的家族，在人们已知的 100 多种化学元素中，它们占了 20 多种，而且在人们的生活中发挥着重要的作用。

64 什么金属最轻？

金属也是有轻重的，你想想运动场上的铅球多重啊！可是有一种金属就非常轻，它就是锂。

金属锂为一种银白色的轻金属，它是最轻的金属元素。自然界中主要的锂矿物为锂辉石、锂云母、透锂长石和磷铝石等。此外，在人和动物机体、土壤和矿泉水、可可粉、烟叶、海藻中都有锂的影子。

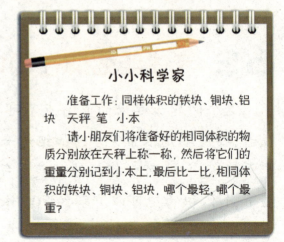

小小科学家

准备工作：同样体积的铁块、铜块、铝块 天秤 笔 小本

请小朋友们将准备好的相同体积的物质分别放在天秤上称一称，然后将它们的重量分别记到小本上，最后比一比，相同体积的铁块、铜块、铝块，哪个最轻，哪个最重？

65 稀有金属真的很"稀有"吗？

稀有金属的名称具有一定的相对性，并不是真的"稀有"。随着人们对稀有金属的广泛研究，稀有金属和其他金属的界限将逐渐消失，如有的稀有金属在地壳中的含量比铜、汞、镉等金属还要多。

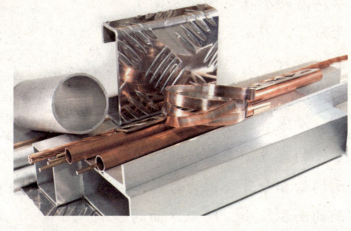

▶ 合金，是由两种或两种以上的金属与非金属经一定方法所合成的具有金属特性的物质

66 什么金属一遇水就会燃烧或爆炸？

你也许不会想到，世界上竟然会有这样一些金属，如果让它们遇上了水，立刻就会引起一场火灾和爆炸。锂、钾、钠等就是

这样的金属。这可怎么办，即使我们刻意不让它们和水接触，那也难保空气中的水分会悄悄地和它们发生化学反应。为了安全保存这类金属，人们也绞尽了脑汁才想出将它们泡在煤油或汽油中。

◀ 锂云母

67 为什么我们可以在冰面上滑行?

如果你仔细观察滑冰的过程,就会发现溜冰鞋的刀面并不是直接和冰面接触,而是一层薄薄的水在这两个层面上形成了,刀面实际上是在水面上滑行的。这层薄薄的水面是怎样产生的呢?

滑冰者对冰面的压力等于他的重量,重量被冰上刀面的面积分开。因为每片刀面的面积很小,所以冰面的压力就很大。巨大的压力融化了冰面和冰刀直接接触的一部分冰,形成一层细小的水层。

关于旱冰……

旱冰在 1760 年问世,由比利时人若瑟夫·梅兰发明,1863 年,美国纽约市的詹姆斯·普里姆普顿将旱冰鞋发展为四个轮子,1884 年美国的查德森给旱冰鞋加上了滑轮,使其成了现在的样子。

不过溜冰鞋的刀面必须要保持特别锋利,否则刀面变钝,表面积增加,滑冰人的重量在较大的面积上被分担,将不能产生足够的压力去融化冰。

68 为什么湖面冰不是从水底冻起，而是从水面冻起？

水只有在4℃以上时，才符合热胀冷缩的特性。天冷时，湖面上散热较快，致使这些水体积变小、变重并沉入湖底。同时，湖底暖和的水会浮上来，这样，整个湖水的温度就平均了。可是，当湖里的水达到4℃时，加上天气变冷，湖面的水不断散失热量，这时的冷水就开始膨胀变轻，所以这层冷水不会沉下去，而会留在最上面。

等湖面的水到了0℃时，就开始结冰了，随着温度的降低冰层会慢慢变厚。

▶ 结冰的贝加尔湖

69 海水为什么不结冰？

其实海水也会结冰，只不过和淡水相比困难了一点而已。首先，海水里面含有盐分，盐降低了海水的冰点。淡水在0℃的时候就会结冰，而地球上各大洋海水的冰点在－1.9℃左右。其次，淡水在4℃时密度最大，而海水的密度随着含盐量的增加而降低。所以即使海水达到冰点，若是没有达到海水的最大密度，海水的对流混合作用不停止，也妨碍海水的结冰。

▲ 黄金饰品

70 为什么黄金特别贵重?

　　商场里黄金货品区总是闪耀着金灿灿的光芒,特别引人注目。这些饰品,小到一个戒指,大到一个手镯,可都价值不菲呢!为什么黄金会那么贵重呢?

　　原来,黄金在地球上的储量非常有限,而且分布很不均匀,它以游离的状态储藏在矿藏里,人们要找到它非常不容易。就这样,储量又少,又不好开采,使得黄金的生产成本增高,作为商品出售时价格自然就贵了。而且,从古至今黄金都是人们非常喜欢的一种保值品,世界各个国家也喜欢将它作为一种金融储备,这也使得它自身的价值更高。

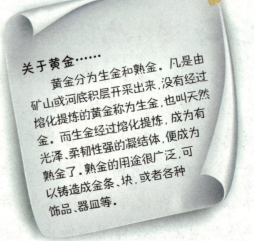

关于黄金……
　　黄金分为生金和熟金。凡是由矿山或河底积层开采出来,没有经过熔化提炼的黄金称为生金,也叫天然金。而生金经过熔化提炼,成为有光泽、柔韧性强的凝结体,便成为熟金了。熟金的用途很广泛,可以铸造成金条、块,或者各种饰品、器皿等。

猜猜看:K 金除了含有黄金外,还含有哪些成分?

71 什么是白金？为什么白金首饰更贵？

白金又称铂，是矿产中一种稀有金属。白金一般比黄金的价格更高，因为白金储量和矿石中的含金量比较低，并且它们在地球上的分布高度分散，难以被提取。铂首先被西班牙人发现于秘鲁的平托河，在西班牙语中，铂的意思是"平托地方的银"，这是因为铂闪耀着银白色的金属光泽。白金如同黄金一样，具有优良的物理性、化学性质。它含蓄高雅的金属光泽，特别适合制造精美的首饰工艺品。现在，世界上每年用于制作首饰的白金多达数千千克。商场中琳琅满目的白金饰品深受女性朋友们的喜爱。

▲ 白金首饰

72 温度计里为什么要用水银?

我们生病发烧时,会用温度计来测量体温。你可能已经知道温度计中的液体就是水银了,但是你知道为什么人们要用它来制作温度计吗?这是利用热胀冷缩原理。温度升高时水银体积增大,温度计内的水银柱会逐渐升高;相反,当温度下降时,水银体积就会慢慢缩小,水银柱高度也会降下来。

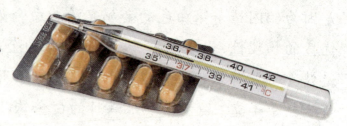

▶ 温度计

73 水银是金属吗?

我们都知道一般的金属在常温状态下都是硬邦邦的固体,可是有一种金属却非常特殊,在常温下,它像银子一样能发出闪闪的光亮,又像水一样可以自由自在地流动,于是,人们给它取了一个非常形象的名字——水银。其实水银还有一个比较专业的名字——"汞"。水银在－39.3℃才会凝结成淡蓝色的固体,是一种低熔点的金属,我们平常见到的常温下的水银是一种熔融状态。

不可思议
中国人很早以前就认识并利用水银了,早在汉朝,我国的炼丹术士就用水银来炼丹了。

74 镜子背面镀的是银还是水银？

在三百多年前，玻璃镜子出现了。将亮闪闪的锡箔贴在玻璃面上，然后倒上水银。水银是液态金属，它能够溶解锡，变成黏稠的银白色液体，紧紧地贴在玻璃板上。玻璃镜比青铜镜前进了一大步，很受欢迎，一时竟成了王公贵族竞相购买的宝物。当时只有威尼斯的工场会制作这种新式的玻璃镜，欧洲各国都去购买。后来法国政府用重金收买了几名威尼斯镜子工匠，从此，水银玻璃镜的奥秘才公开出来。

不过，涂水银的镜子反射光线的能力还不是很强，制作费时，水银又有毒，所以后来被淘汰了。现在的镜子，背面是薄薄的一层银。这一层银不是涂上去的，也不用电镀，它是靠化学上的"银镜反应"涂上去的。在硝酸银的氨水溶液里加进葡萄糖水，葡萄糖把看不见的银离子还原成银微粒，沉积在玻璃上做成银镜，最后再刷上一层漆就行了。看到这里，你会说："镜子背面发亮的东西不是水银，是银。"

▶ 镜子

75 厚玻璃杯为什么容易炸裂?

玻璃杯是一种时尚、健康的口杯,很多人都喜欢用它喝水。但是,人们有个困扰,那就是总担心它会炸裂,尤其是一些比较厚的玻璃杯更容易发生这样的事情。究竟这是为什么呢? 原来,当滚烫的开水倒入玻璃

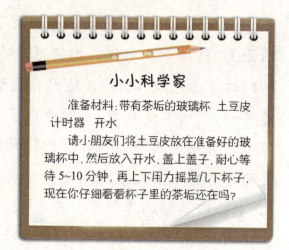

小小科学家

准备材料:带有茶垢的玻璃杯 土豆皮 计时器 开水

请小朋友们将土豆皮放在准备好的玻璃杯中,然后放入开水,盖上盖子,耐心等待 5~10 分钟,再上下用力摇晃几下杯子,现在你仔细看看杯子里的茶垢还在吗?

杯中时,杯子的内壁受热后会马上开始膨胀,而壁厚的缘故,杯子的外壁温度还比较低,来不及膨胀。这时,杯子内外受力不均,在内层的奋力冲击下,玻璃杯就很可能被挤破。而薄玻璃杯内外两层几乎同时受热,也就不容易炸裂了。

76 玻璃也有节能的吗?

节能玻璃听起来似乎有点不可思议，人们使用玻璃是为了遮挡风雨，有的也是为了增强建筑物的装饰性，几乎

▲ 节能玻璃

从来没有听说过玻璃也可以节约能量。但是，恰恰有这样的玻璃。

人们喜欢高大的窗户，因为高大的窗户能带来明媚的阳光，但是，它的挡风、遮阳、保温等作用就显得很差。于是，人们就想要一种既可以有良好光线，又可以具有保暖、吸热等作用的玻璃。节能玻璃应运而生了。常用的节能装饰玻璃有吸热玻璃、热反射玻璃和中空玻璃等。以吸热玻璃为例子。吸热玻璃可以吸收太阳的辐射热，在阳光下，一般的吸热玻璃的热量透过率可以达到 60%，除了吸热，这种玻璃还能吸收一定的紫外线。

对于吸热玻璃，看起来似乎很玄妙，其实，对于专业人员来说它的原理并不复杂。一般制作有两种方法，一是在普通玻璃中加入有吸热性能的着色剂，再就是在玻璃表面喷镀金属或金属氧化物薄膜。

77 为什么镜子能照出人来？且影像左右相反？

几乎每个人早上出门前都会不自觉地站在镜子前整理整理自己的容貌和服饰，一切收拾妥当后，才会放心地离开家门。我们不禁要问："为什么镜子能够照出人来？"

这是因为镜子背面镀了一层银，使镜面可以反光，从而照出人影。镜子具有很强的反光能力，照镜子时，照到我们身上的光线又照射到镜子上，这些光线通过镜子的反射，会沿左右对称的方向折回，再传到我们的眼睛里。因此，我们看镜子里的影像就是左右相反的了。

▲ 镜子里的影像

78 为什么雨后会有彩虹？

彩虹虽然美丽，但是不是每个人都有幸能够看到，只有雨后它才有可能出现。咦，这是为什么呢？这是因为雨后的空气较湿，含有许多小水滴，而阳光是由红、橙、黄、绿、青、蓝、紫七种光组成的，当阳光以各种角度照到小水滴上时，就会被这些小水滴以各种角度折射和反射，从而在空中形成一道拱桥状的七色彩虹。

猜猜看：人们利用折射原理发明了透镜，透镜分为哪两种？

79 谁把水里的勺折弯了？

把勺子放在装有水的玻璃杯中，笔直的勺子好像是被水折弯了，再拿出来看时明明好好的，这是为什么呢？

我们知道光线在空气中是沿直线传播的，在水里也是沿直线传播的，但是光线从水里传播时却改变了方向，这种现象就叫作光的折射。光的折射现象不单是发生在光线从水射向空气的时候，还发生在从空气到水，从水到玻璃，从玻璃到空气……总之，它能发生自能透光的两种物质的分界面上。在同一种物质中，由于这种物质的质地不够均匀，光的传播方向也会发生改变形成折射。

科学真相

由于光的折射，池水看起来比实际要浅一些。所以，当你站在岸边，看见清澈见底，深不过齐腰的水时，千万不要贸然下去，以免因为对水深估计不足，发生危险。

▲ 勺子在水里

80 糖果的颜色是用什么东西染成的？

五颜六色的糖果不仅看起来漂亮，而且口感也不错呢！可是小朋友们知道这些你们喜爱的糖果身上的颜色是怎么来的吗？其实，这些漂亮的颜色并不是糖果本身就有的，而是人为加入色素造成的。听到这里你或许有点担心，这些色素会对身体不好啊。大家不用担心，这些糖果的颜色是无毒的食用色素染成的，而这些天然的色素是直接从动植物体内提取出来的，是不会对人体产生危害的。所以，你不用担心这些色彩会对身体造成伤害。但是，值得注意的是糖果毕竟对小朋友们的牙齿不好，所以小朋友们还是要管好自己的嘴巴，尽量少吃糖果！

▲ 糖果

81 为什么水果糖会有水果味？

美味的水果因为散发独特的香味，而深得人们的喜爱。水果之所以会有独特的香味，是因为它们身体中有一些易挥发的芳香物质，这些物质不断逸散到空气中来，我们的鼻子就可以闻到各种各样的水果味道了。渐渐地，人们发现这些芳香物质多属于酯类化合物，并且很容易人工合成，就将这些物质加在糖果中，于是讨人喜欢的水果糖就诞生了。酸酸甜甜的草莓味糖果、清香的青苹果味糖果等，简直不胜枚举，而且它们一经出现就成为许多人爱不释手的生活调剂品。

不可思议

许多研究人员研究证实，只要适量摄入，掌握好吃糖最佳时机，对人体是有益的。如洗澡时，会消耗掉大量的体力，洗澡前适量吃点糖果可以防止虚脱。

▲路灯

82 电灯泡为什么会发光?

天色渐渐暗下来后,马路上的路灯会陆陆续续亮起来,整个城市的生活不会受到一丝的影响。电灯泡为什么会发光?它到底是如何工作的呢?仔细观察我们就会发现,在灯泡内有一个由金属钨做成的细丝,称作"钨丝"。当我们打开电源时,电流会通过灯丝,使灯丝产生热而不断提高温度,当热到一定程度后灯丝就会发光。借助这种光亮我们就可以在黑夜中看清东西了。

科学真相

如果我们认真考据就会发现亨利·戈培尔比爱迪生早数十年已发现了相同原理和物料,而在爱迪生之前很多人亦对电灯的发明做出了不少贡献。

83 电灯泡为什么要做成梨形？

电灯泡为什么要做成梨形，而不是其他形状？这其中还有一定的科学依据呢！科学家们根据气体对流是自下而上运动的特点，在灯泡内充上少量惰性气体，并把灯泡做成梨形。这样，灯泡内的惰性气体对流时，金属钨蒸发的黑色微粒大部分被气体卷起并沉积在灯泡的颈部，使灯泡亮度不受影响。

84 调光台灯为什么能调光？

调光台灯是家庭中常见的照明工具之一。它可以调节不同的亮光，延缓眼睛疲劳、保护视力，非常实用。为什么调光台灯可以如此神奇，可以自由调节灯光的亮度？其实，调光台灯与普通台灯相比，在结构上多了一个与白炽灯泡连接在一起的调压电路。电源通过调压电路加在白炽灯上，改变调压电路的输出电压，使加到白炽灯泡上的电压大小有变化，从而达到调节灯光亮度的目的。

▲ 调光台灯

85 为什么高压线在潮湿的天气中会发出"嗞嗞"的声音?

高压电线在传输电力的时候,周围会有电场的存在,它会向空气放电。在空气干燥的时候这种现象是不会被人察觉的,而在雨天,高压线周围的电场在放电的时候击穿周围的潮湿的空气,就会发出这种"嗞嗞"的声音。

86 为什么电线的原材料都是金属而不是其他物质呢?

我们常常说几卷铜线、几卷铝线等金属材质的电线,却从来没听说过几卷其他材料制成的电线。这是因为金属具有良好的导电性能,它们内部有可以自由移动的电荷,例如铜、银、铝。平时这些电荷杂乱无章,不显电性,但当电线通电时,金属内部的电子按照一定的方向移动,形成电流。

87 为什么有时触摸家电的外壳会有麻麻的感觉?

有时候,我们可能有这样的经历,当我们不小心碰到家电的外壳时,身体会感到明显的麻麻的感觉,这其实是感应电流造成的。很多家用电器的内部都安装着电动机、变压器之类的电气设备,它们在工作时都会产生磁场,如果磁场有一部分磁力线穿过附近的金属外壳,人就会在金属外壳中感应出电流来。

88 为什么发电机能够发电?

电已经成为我们生活中非常重要的一种物质,现在人们几乎一刻也离不开它。但是有时候会突然停电,为了应付停电造成的不便,人们发明了发电机。发电机是将其他形式的能源转换成电能的机械设备,它由水轮机、汽轮机、柴油机或其他动力机械驱动,将水流、气流、燃料燃烧产生的能量转化为机械能传给发电机,再由发电机转换为电能。

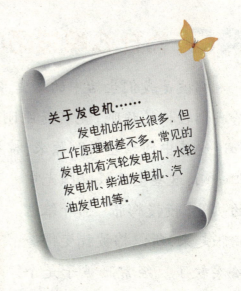

关于发电机……
发电机的形式很多,但工作原理都差不多,常见的发电机有汽轮发电机、水轮发电机、柴油发电机、汽油发电机等。

89 为什么羽绒服特别暖和?

寒冷的冬天里,男女老少都会穿上暖和的羽绒服来御寒,可是你知道薄薄的一件羽绒服为什么这么暖和吗?如果你摸摸羽绒服就会发现,羽绒服里的绒毛非常蓬松,藏有许多静止的空气。空气和绒毛都不容易传递热量,所以它们就像一堵保温墙一样,把人体和外面的冷空气隔开,从而起到很好的保温作用。人体自身的热量不易散发出去,自然就觉得很暖和了。

▲ 小孩穿着羽绒服

90 为什么棉被晒过后会蓬松柔软?

棉被是我们生活中的必需品之一,温暖舒适的棉被可以带给我们轻松的睡眠。尤其是刚刚晒过的棉被,盖上舒服极了。你知道这其中的秘密吗?原来,棉被的棉纤维中有许多空气,经太阳一晒,这些空气吸收阳光中的热量,慢慢膨胀,棉纤维也膨胀起来,所以棉被就变得蓬松柔软了。经常晒被子是个不错的习惯,它还可以去潮、防虫,有益我们的身体健康。

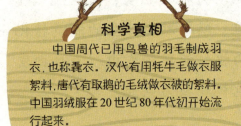

科学真相

中国周代已用鸟兽的羽毛制成羽衣,也称毳衣。汉代有用牦牛毛做衣服絮料,唐代有取鹅的毛绒做衣被的絮料。中国羽绒服在20世纪80年代初开始流行起来。

▲ 衣服

91 为什么有的衣服洗后会缩水？

很多人可能都有这样的困扰，有些衣服刚刚买回来的新衣服穿了一次，洗完之后就发现衣服突然变小了不少。这并不是因为人们长高、长胖了，而是我们的衣服缩水了。这是因为天然纤维织成的衣物在生产加工过程中会受到一些机械的拉伸。当衣服遇水时，水分子就会侵入纤维分子中，使其膨胀变粗，它们的长度就会变短。由于纤维结构已经变形，所以衣服干了以后便会变小了。

92 盐有不咸的吗？

看到这个问题你可能会有点疑惑，盐当然都是咸的了，不咸那还称得上是盐吗？可是，这种盐真的存在呢！随着人们保健意识的增强，都希望食用一些健康的食品，为了满足人们普遍提倡的低盐低糖生活，商家们生产出了一种氯化钠的含量比较低的盐。这种盐中添加了钾元素，味道会淡很多。

不可思议

新买来的牛仔裤或多或少都会掉点色，这时候可以先将衣服放在温盐水里浸泡一会儿再洗，可防褪色。

93 粗盐为什么会变潮？

食盐本来是不会吸收水分的，精盐就是很纯的食盐，把它放几年，也不会变潮。可是粗盐放上几天就变潮了，这是为什么呢？

原来，食盐的主要成分是氯化钠，除了氯化钠之外，还含有少量别的氯化物，粗盐之所以会变潮，就是其中的氯化镁在作怪。氯化镁非常喜欢水，它经常吸收空气中的水分，而且它很容易就溶于水。

▲ 粗盐为海水或盐井、盐池、盐泉中的盐水经煎晒而成的结晶，即天然盐

94 食盐中为什么要加碘？

碘在人体内具有调节蛋白质的生成和分解、促进糖和脂肪代谢、促进维生素的吸收和利用、促进生长发育等重要作用。身体缺碘会使少年儿童智力低下，成年人精神功能受损，也会患上甲状腺肿大，俗称"粗脖根、大脖子病"，也就是地方性甲状腺肿。所以要在食盐中加碘，以保证碘的摄入和吸收。通过对食盐加碘的办法，能彻底消除碘缺乏对人们的伤害，提高人们的健康质量。因此，不仅中国，世界上还有许多国家也正在实施全民食盐加碘计划。

◀ 食盐

95 为什么陈年的酒特别香？

酒大多是用粮食发酵制成的。粮食中的淀粉经发酵后变成芳香的酒精，同时还有一小部分淀粉会生成一种酯类物质。这些酯类特别馥郁芳香，只是这种转化成酯类的反应过程非常缓慢，所以酒放得时间越长越香。

▶ 酒放得时间越长越香

96 为什么家庭用电要通过变压器?

发电厂发出电后,为方便传送,先用变压器把电压升高到几万伏或几十万伏的超高电压,再由高压输电线输送到用电的地

方。而一般家用电器的电压都是220伏,所以高压电在进入到各家各户之前,还必须通过变压器把电压变回220伏才能使用。

◀ 高压输电线输送变压器

97 电是怎样"杀"人的?

电虽然给人们的生活带来了很多便利,但是它同样也会给人们带来麻烦,尤其是人不小心触电后有可能会丧命。电流(可以是闪电或高压线等)通过人体叫作电击,电击又称触电。电之所以会"杀"人是因为一定量电流或电能量(静电)通过人体时,会引起人体全身组织损伤,出现功能障碍,甚至心跳和呼吸骤停。

▲ 触电

98 为什么高压线上的小鸟不会触电?

人触碰到高压电线是一件非常危险的事情,所以从小父母、老师都会教育我们远离这种危险,但是如果你仔细观察就会发现,小鸟不但敢靠近高压线,而且还敢站在上面大声唱歌呢! 于是有人怀疑是不是小鸟脚部的皮肤是绝缘的? 其实不是这样的。因为人在接触到电线时,同时接触了火线和零线,或者是因为人站在地上,电流经过人体和大地,形成了一个可供电流流动的闭合回路,所以人会触电。而小鸟的身体非常小,它只能接触到一根电线,电流在它体内并不能形成电路,也就不可能触电了。

▲ 小鸟站在电线上

99 路灯的光为什么是黄色的?

有了路灯,即使到了夜晚,忙碌的城市也不会因为黑暗而安静下来。天色一暗下来,城市道路两旁的路灯就会发出黄灿灿的光芒,让夜幕下的城市变得神秘美丽。这种会发出黄色灯光的灯叫作钠灯,它通过钠蒸气放电产生可见光。钠灯在刚打开时发出的光是白色的,亮一段时间后就会变成黄色的。钠灯发出的黄光穿透力特别强,比日光灯、水银

▲ 路灯

灯发出的白色光都要强,也是因为这样,即使在多雾的天气里,人们也能在一定的距离里看清道路。而且钠灯在较低的电压下也能亮起来,是一种比较节约成本的选择。

100 交通信号灯为什么使用红、黄、绿三种颜色?

"红绿灯,闪闪亮,绿灯走,红灯停,黄灯亮了等一等",通过这句耳熟能详的儿歌我们就可以轻松地过马路了。看着一闪一闪的红绿灯有时我们不禁会问:"交通信号灯

▲ 红绿灯

为什么要使用红黄绿三种颜色,而不是其他颜色呢?"这是因为在赤橙黄绿青蓝紫几种颜色中,红色光的波长最长,穿透力也最强,即使在大气能见度比较低的情况下,红色光也容易被看见,所以红灯被用作禁止通行的信号。黄色光的波长仅次于红光,其穿透力也比较远,因此被用作缓行的信号。而绿色与红色的区别最明显,易于分辨,所以绿灯被用作通行的信号。

关于红绿灯……

1868年12月10日,信号灯家族的第一个成员在伦敦议会大厦的广场上诞生了,由当时英国机械师德·哈特设计、制造的灯柱高7米,身上挂着一盏红、绿两色的提灯——煤气交通信号灯,这是城市街道的第一盏信号灯。

101 登雪山时为什么不能大声说话?

登雪山是一项非常具有挑战性的运动,每个登山者都需要极好的耐力和勇气。通常我们认为,登雪山时,登山者之间应该相互鼓励,给比较靠后的队友大声加油。可是这种情况并不会发生。别说是呐喊加油了,队友间就算是需要交谈也不能太大声音。这是为什么呢?登雪山时不能大声说话是考虑到共振的现象。因为人发出的声音的频率跟雪的固有频率相同时,就会导致雪崩。这对登山的人来说是非常危险的。

▲登雪山

102 为什么山谷里会有回声？

山谷里住着一位非常友好的朋友，不信你在山谷里喊："你好！"对方立马回应："你好！"今天我们已经知道，这并不是山谷中真的住着一位热情的朋友，而是回声的缘故。其实任何声音都会产生回声，但原本的声音和回声要相隔在 0.1 秒以上，人耳才能辨识。在户外空旷的地方，回声很快就散失了，而山谷就像一个半密闭的空间，发出的声音被对面较远的山崖弹射回来，又不易散失，所以就会有回声。

小小科学家

准备工作：圆形水槽适量的水 1 颗小石子

请将水倒入水槽中，等水面平静时，将小石子置入水中，你会发现槽内激起一圈圈波纹，这些波纹碰到槽壁，又荡了回来。回声的发生也是这个道理，不过这里的水波换成了声音，水槽换成了山谷。

103 从贝壳中为什么能听到海浪的声音？

不知道你有没有过这样的经历：将一个贝壳放在耳旁仔细听一会儿就会听到海浪美妙的声音。贝壳中为什么能听到海浪的声音呢？这难道和它生活在海中有关？其实，那并不是海浪的声音，而是空气在贝壳内振动后又被放大产生的声音。由于这种声音碰巧和海浪声相似，所以每当把贝壳放在耳边，我们便以为听到的是海浪声。

104 轮子为什么是圆的?

如果我们仔细观察就会发现,汽车、自行车、火车、飞机等各种交通工具的轮子无一例外都是圆形的。这其中是不是有什么秘密呢?

其实,把交通工具的轮子设计成圆形,绝不是人们随意而为的,而是有着一定的科学依据。交通工具把车轮做成圆形,不仅是因为圆形易滚动,而且车轮上各点到车轮中心(圆心)的距离都是相等的,这样的话,当车轮在平面上滚动时,车轮中心与平面的距离保持不变。因此,当车辆在平坦的路面上行驶时,坐在车上的人不会有任何颠簸感。而且圆形的轮子和地面的接触面积较少,摩擦力也较小,滚动起来可以更省力,更小的能量消耗就可以走更远的路。

105 为什么橡胶具有弹性？

橡胶做的轮子柔软舒适，坐在这种交通工具中，人不会因为备受颠簸而不舒服；橡胶做的橡皮擦弹性十足，当它和纸面摩擦时，也不会担心将纸面擦出一个大洞。那么，橡胶的弹性是怎么来的呢？

不可思议

家里的浅色皮包脏了，又不能用水直接洗，这时候只要用一块小小的橡皮就能擦掉这些污迹，还不会损伤表面。

科学家们发现，橡胶分子比较特殊，它们之间原本是一个长链状。由于分子总是在高速运动着，并且这一过程中它们总是挤来挤去，从而形成了一个卷曲状的分子链。当我们用力去拉它，这种卷曲的分子链可以轻易地被拉长，而去掉拉力后，它很快又会回到原来的形状，所以我们说橡胶具有弹性。

▲ 橡胶轮胎

106 为什么地铁在城市交通中变得越来越重要?

　　地铁有许多优点。首先,地铁的速度快,通常情况下,地铁的运行速度比公交车快2~3倍。而且,地铁不会发生堵车现象,对于要准时上班的人来说,乘坐地铁可以很好地控制时间。其次,地铁有许多节车厢,再加上地铁的车次多,通常每两三分钟就有一列,所以地铁每天都能运送大量的乘客。地铁的通道设在地下,因此地铁为缓解地上交通压力起到了很大的作用。

107 为什么F1赛车的样子那么奇怪?

　　与普通的汽车相比,F1赛车车身低矮,车轮宽大,还没有车篷。这种设计可以使F1赛车成为世界上速度最快的赛车。低矮的车身不但可以减少空气阻力,还降低了车子的重心,使行车更加平稳。因为汽车的牵引力直接来自车轮与地面的摩擦,宽大的车轮可以增加与地面的接触面积,也就是说,这种车轮增加了汽车的牵引力,让它能够跑得更快。

108 越野车为什么可以跋山涉水？

这要归功于它的特殊设计。除了拥有强劲的发动机，越野车一般采用全轮驱动和大花纹轮胎，以提高在松软地面上的驱动力并防止打滑；另外它的底盘较高，让它在高低不平的路面上也能自由行驶；此外，优良的发动机扭矩设计让它具有超强的爬坡能力。拥有了这些神奇的本领，越野车当然可以跋山涉水啦。

109 为什么自行车向前踩可以向前走，向后踩却不能向后走？

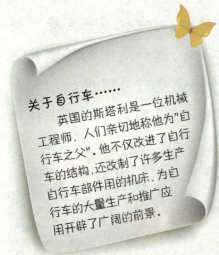

关于自行车……
英国的斯塔利是一位机械工程师，人们亲切地称他为"自行车之父"。他不仅改进了自行车的结构，还改制了许多生产自行车部件用的机床，为自行车的大量生产和推广应用开辟了广阔的前景。

我们骑自行车的时候，因为车的飞轮里面装有离合器，它能在链条带动飞轮的链齿外圈时，外圈内部的棘轮将力通过棘爪传递给后轮，后轮就转动前进。但是，棘轮只能单向地传递向前的力量，而不能向后传递力量，所以自行车才不会像我们想的那样向后行驶。

110 为什么下雪后特别安静?

▲雪

冬天下雪是一件很平常的事情, 可是你有没有注意到,下雪后周围会变得异常安静。这究竟是为什么呢? 秘密就在于刚下的雪非常松软,中间有许多小空隙,这些小空隙能吸收周围的声音,所以人就会感觉环境比平时安静很多。不过, 当积雪被压得比较坚实的时候,其空隙便会变小,周围也就不那么安静了。

111 为什么在沙漠里听不见呼喊声?

去过沙漠的人, 可能都会有这样的经历, 当你和朋友相距很远的时候,任凭你用多大的声音呼喊对方,对方也不一定能听得清楚。这时候,你千万不要埋怨对方耳背,这和周围的环境有着密切的关系。因为声音在空气中的传播速度随着温度的增加而加快,我们都知道沙漠表面的空气温度很高,而声音总是选择比较容易走的路向温度低的方向传播,这时, 声音就转向上方的冷空气层去了。所以, 沙漠中的呼唤是听不见的。

猜猜看: 人们用什么来衡量噪音的强度?

112 为什么说噪音也是一种污染?

那些特别混乱,听起来不悦耳、不和谐的声音被统称为噪声。噪声污染对人、动物、仪器仪表以及建筑物等均构成危害。对人类来说,140分贝以上的噪声会引起身体不适,严重时会损坏人的听力,甚至诱发多种疾病。因此,我们说噪音也是一种污染,平时我们应该尽量避免这些噪音来影响我们的生活,也应该尽量减少制造噪音,这样我们周围的环境才会越来越好。

不可思议

科学家发现,不同的植物对不同的噪声敏感程度是不一样的,于是人们制造出噪声除草器。

113 耳朵可以看到东西吗?

▲ 盲人的听觉和触觉特别敏感

耳朵可以看见东西,这听起来简直是不可思议。但是,现实生活中这种现象真的会发生。生活中我们发现盲人的听觉和触觉特别敏感,也有所谓特异功能能够用耳朵"看"字。事实上,盲人确实是通过不断提高听觉能力来弥补其视觉的缺陷。为什么可以达到这种效果呢? 其实这一切现象在科学家眼里称之为"通感现象",人的大脑皮层能够用一种功能替代另一种功能,这也是盲人实现用耳朵看东西的前提。

猜猜看:盲文是专为盲人设计、靠触觉感知的文字,它是谁发明的?

114 声音能被"吃"掉吗？

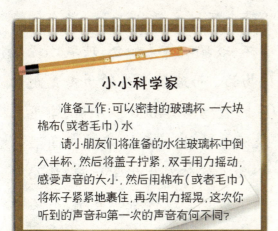

小小科学家

准备工作：可以密封的玻璃杯 一大块棉布（或者毛巾）水

请小朋友们将准备的水往玻璃杯中倒入半杯，然后将盖子拧紧，双手用力摇动，感受声音的大小，然后用棉布（或者毛巾）将杯子紧紧地裹住，再次用力摇晃，这次你听到的声音和第一次的声音有何不同？

噪音是一种严重危害人体健康的污染源。那么有没有什么方法可以把这些我们不喜欢的声音"吃"掉？如果你仔细观察就会发现声音真的可以被"吃"掉！当外面非常吵闹的时候，我们只要伸手将家中的窗户关起来，顿时嘈杂的声音好像被"吃"掉一半似的，立刻安静了许多。还有很多乡村学校门口就是高速公路或者铁轨，汽车、火车这些交通工具发出来的噪声也影响到孩子们的学习，于是这些交通干线与学校之间会悄悄立起一面消音墙，有了"大胃口"的消音墙，很多噪音都会被"吃"掉。此外，现在市面上有很多东西都有"吃"掉声音的本领，例如专门吃声音的消音器、消音玻璃等。

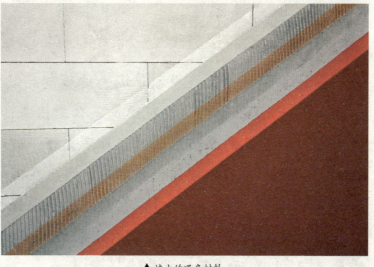

▲ 墙上的吸音材料

115 玻璃是怎么来的？

玻璃的出现给人们的生活带来了很多便利，数一数我们身边的玻璃制品，如玻璃窗、玻璃杯、玻璃碗等。如今，玻璃已经成为我们生活中不可或缺的一种物品。而玻璃诞生的历史更是让人瞠目结舌。4000多年前，腓尼基人无意中发现天然苏打在高温下会和石英砂发生化学反应，从而发明了玻璃。现代科学表明，砂石中含有硅、钙等物质，它们在高温下渐渐熔化，同时发生一系列变化，生成硅、钠和钙的化合物，这些化合物冷却后就变成了玻璃。

▲ 玻璃瓶

116 玻璃上的花纹是怎么刻出来的？

各种各样的花纹将原本单调的玻璃制品装饰得美丽动人。小朋友们一定很好奇，这些花纹是怎么刻出来的，难道真的是制造者用刀一点点刻画出来的？当然不是了。玻璃厂的工人先在玻璃上涂上一层不会被腐蚀的石蜡，然后在石蜡上刻出各种美丽的花纹，接着，再把一种叫作氢氟酸的强腐蚀性化学物质倒在刻好的花纹上，氢氟酸就会按照纹路将玻璃腐蚀掉一层，去掉石蜡后，玻璃上美丽的花纹就出来了。

▲ 玻璃房子

117 玻璃能代替钢铁吗?

商场里,熙熙攘攘的人群置身于玻璃材质的地板上,却没有感到丝毫不安全,这就是玻璃钢带给我们的新生活。玻璃钢是一种新型的工艺材料,可以用来制造小轿车的车身、火车的车厢、建筑材料等,它融合了玻璃和钢材的优点,不仅结实耐用,而且非常漂亮,是一种非常好的钢铁替代品。

科学真相

玻璃的成分主要是二氧化硅,然而在自然环境下,二氧化硅的分解需要100万年的时间,所以为了保护环境,我们要注意使用玻璃制品,并且养成回收再利用的好习惯。

118 有些书封面上的金字，真的是用金子做的吗？

答案当然是否定的了。我们都知道金子是一种非常昂贵的金属，在地球上的存储量非常少，而且不易开采。如果书的封面上的金字用真正的黄金来做，那简直太奢侈了！这些"金字"只不过看起来像是黄金而已，其实它真正的化学名叫"铜锌合金烫字"。人们把这种材料制成薄薄的膜，采用化学及加热方法，印到书本的封皮上，就"烫"出了金字。为了让"金字"永远闪耀金光，人们又在铜锌合金的细粉末里加入硬脂酸。怎么样，这下你知道这些"金字"的来历了吧！

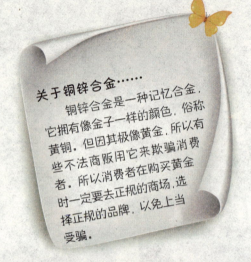

关于铜锌合金……

铜锌合金是一种记忆合金，它拥有像金子一样的颜色，俗称黄铜。但因其极像黄金，所以有些不法商贩用它来欺骗消费者。所以消费者在购买黄金时一定要去正规的商场，选择正规的品牌，以免上当受骗。

▲ 烫金做成的封面花边

猜猜看：铅笔根据工艺可分为哪两类？

119 铅笔是用"铅"做的吗？

我们从开始读书，就和铅笔打起了交道，每天用它写字、画画，有些人一生也不会离开铅笔，例如建筑设计师、画家。市面上的铅笔种类非常多，彩色铅笔、红蓝铅笔等。虽然我们喜欢称它们为铅笔，但是你们知道吗？没有哪一支铅笔是用铅做的，而是用一种叫作石墨的矿物材料制成的。人们之所以会称这种石墨做的笔为铅笔，只是因为它起源于古希腊时人们制造的纯铅棒状写字工具而已。通常我们会发现铅笔上标有字母和数字，这其实是铅笔铅芯的硬度标志，一般用"H"表示硬质铅笔，"B"表示软质铅笔，"HB"表示软硬适中的铅笔，"F"表示硬度在 HB 和 H 之间的铅笔。现在，你了解铅笔了吗？

120 衣服沾上了墨水有办法去掉吗?

鲜艳整洁的衣服固然美丽,可是生活中总有一些不尽如人意的地方,一不小心将墨迹弄到衣服上了,是不是很沮丧呢? 不要担心,对付这些墨迹我们也有一套好方法。这时候,你应该及时将衣服脱下来浸在水中,然后用饭粒反复搓洗,很快你就会发现那些恼人的墨迹竟神奇地消失了。

121 字画为什么会褪色?

红色的印泥可以久经岁月的考验,相比而言那些字画的命运就没那么好了。保存好的字画也会随着时间的流逝,渐渐褪去原本鲜艳的颜色。这究竟是为什么呢? 其实字画会褪色,原因也不尽相同,可能是墨水与颜料的分子长期与空气中的氧气接触,会慢慢被氧气氧化的原因, 也可能是字画长期受到强光照射的缘故。此外,字画被浸入水中或受到污染也会褪色。知道了字画褪色的原因,以后在保存字画方面你是不是也有心得了?

122 为什么红印泥不容易褪色?

中国各地博物馆珍藏着许多古代字画，它们尽管年代久远，纸张发黄变脆，可是留在字画上的作者印鉴，却依旧鲜艳可辨。这是因为字画上盖章用的是红印泥，它是用朱砂加蓖麻油拌匀，再加上某些纤维性填料做成的。朱砂就是硫化汞，是一种红色或棕红的矿物。硫化汞的性质很稳定，不容易和氧气发生反应，因此它始终能保持鲜艳红润的本来面目。现代人们制造的红印泥，有的已经采用某些染料来代替朱砂，它的鲜红色泽比传统的朱砂印泥更胜一筹，可是在保持颜色的持久性方面，却不如用朱砂制作的印泥效果好。

小小科学家

准备工作：带有印泥的纸张 热源(例如蜡烛、酒精灯等)

将带有印泥的纸张背面放置在远离热源的上空烘烤加热，随着温度的升高，如果印记颜色逐渐变暗、变黑；纸张离开热源后，印记马上恢复原来的颜色，则说明该印泥是朱砂印泥。反之，则非朱砂印泥。

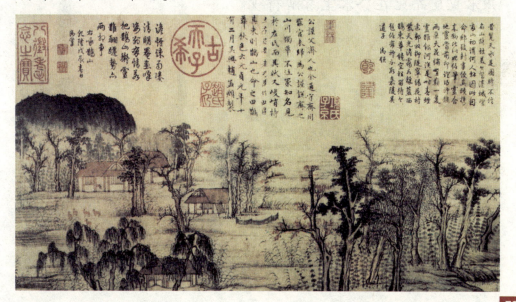

123 物质在热水中总比在冷水中溶解得多吗?

大夏天热极了。刚烧开的水人们很难下咽,于是很多人喜欢给水中加点冰块来解暑,硬邦邦的冰块放进杯子里,用不了多久就和水融为一体了。这时候我们很容易会想到热水比冷水更加容易溶解冰块,这个道理对所有的物质都适用吗? 当然不是了。对于大部分的物质来说,温度越高,溶解的越多、越快,例如糖。可是食盐就不同了,温度升高了,食盐的溶解度也没多大的变化。还有一部分物质,温度升高,溶解度反而会减少,例如石膏在开水里反而比在冷水里溶解得少。

▶ 冰块在水里

▲ 冰箱里的各种水

124 把热水和凉水同时放入冰箱,哪个会先结冰?

乍一听到这个问题,我们第一感觉是当然冷水结冰快了。可是事实并不是这样的。现在我们用科学的方法来解释一下其中的道理吧! 如果把两杯重量相等的水放到冰箱里,一杯凉的,一杯热的, 它们会在冰箱里面同时开始失去热量。然而,水会蒸发,热水杯里的水蒸发得比冷水杯中的快,在相同时间里留下的比较少,因此,热水杯里的热量也就会变少,会较快地结冰。怎么样,你觉得神奇吧!

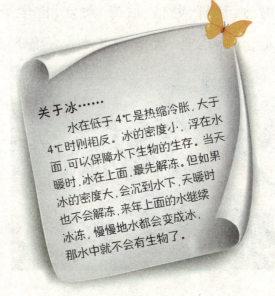

关于冰……

水在低于4℃是热缩冷胀,大于4℃时则相反。冰的密度小,浮在水面,可以保障水下生物的生存。当天暖时,冰在上面,最先解冻。但如果冰的密度大,会沉到水下,天暖时也不会解冻,来年上面的水继续冰冻,慢慢地水都会变成冰,那水中就不会有生物了。

125 蓄电池为什么能蓄电?

蓄电池之所以能"蓄电",是因为它能把电能转换成化学能储存起来。当我们使用电池时,电池内部又进行反方向的化学反应,把储存的化学能转变为电能。这种双向的化学变化可反复多次进行,这也是蓄电池可以重复利用的秘密。

不可思议
蓄电池极易损耗,其寿命长的可达 3-4 年,短的 1~2 年,而且越是经常使用,蓄电池寿命越长。

126 为什么废旧电池不能乱扔?

电池给我们的生活带来了很多便利,它不仅适用于手电筒、半导体收音机、收录机、照相机、电子钟、玩具等,而且也适用于国防、科研、电信、航海、航空、医学等国民经济中的各个领域。可是,你知道吗,废旧的电池是不能随处乱扔的。这是因为废旧电

池具有很大的危害。如果将废电池作为生活垃圾处理,废旧电池中的重金属(如铅、汞、镉、锰)会污染水源和土壤,并且会通过各种途径进入人的食物链,最终会影响人们的身体健康。

127 干电池可以"复活"吗?

干电池属于化学电源中的原电池,是一种一次性电池。因为这种化学电源装置其电解质是一种不能流动的糊状物,所以叫作干电池,这是相对于具有可流动电解质的电池说的。普通干电池大都是锰锌电池,中间是正极碳棒,外包石墨和二氧化锰的混合物,再外是一层纤

▲ 电池

维网,网上涂有很厚的电解质糊,其构成是氯化铵溶液和淀粉,还有少量防腐剂,最外层是金属锌皮做的筒,也就是负极。电池放电就是氯化铵与锌的电解反应,释放出的电荷由石墨传导给正极碳棒,锌的电解反应是会释放氢气的,这气体会增加电池的内阻,而和石墨相混的二氧化锰就是用来吸收氢气的。若电池连续工作或是用得太久,二氧化锰就来不及或已近饱和没能力再吸收了,此时电池就会因内阻太大输出电流太小而失去作用。此时若将电池加热,或放置一段时间,它内部聚集的氢气就会受热放出或缓慢放出,二氧化锰也得到了还原恢复,那电池就又有活力了!

128 为什么金刚石特别坚硬?

你可能还不知道黑漆漆的石墨和亮闪闪的金刚石居然是"同胞兄弟",都是存在于自然界中的纯碳,只是迥异的性格和外貌很难让人们将它们联系起来。石墨的质地非常软,金刚石则是所有矿物中最为坚硬的,这与它们的原子排列有关。原来,石墨分子中的碳原子是一层一层排列的,每层原子之间的结合力很小,就像一副叠起来的扑克牌一样,很容易就散开了。金刚石也是由普通的碳原子构成的,只不过这些碳原子都紧密地与其他四个原子直接连接,构成了一个非常坚固、牢不可破的结晶体,所以金刚石特别坚硬。天然金刚石产量很低,一般都隐藏在地球深处,只有在非常高的温度和巨大的压力之下,地下熔岩里的碳才有可能经过天然结晶的过程形成贵重的金刚石。由于天然金刚石产量低,所以价格昂贵。人们通常就利用高温高压来制造人造金刚石。

▶ 钻石,化学和工业中称为金刚石。金刚石是碳元素组成的无色晶体,为目前已知自然存在的最硬物质

 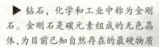

129 泥巴能变成宝石吗？

脏兮兮的泥巴怎么能变为价值连城的宝石呢，这简直太不可思议了，但是这是真的。你一定会很好奇，泥巴是怎么变宝石的？接下来我们将给大家解释这一神奇的现象。原来，人们把从铝土矿里提取出的白色氧化铝粉末，放在高温的单晶炉里，经过特别的加热，使氧化铝粉末溶化后落在一个耐高温的托柱上，逐渐堆积成锥形，最后就形成人造宝石了。

关于宝石……

中国古代常以某家族或某人拥有的贵重宝石的数量多少，来衡量其财富的数量。在战国时期，宝石还作为货币充当一般等价物交换的工具，"宝石为上币，黄金为中币，刀币为下币"便是对其价值的最好阐释了。

130 为什么鸟儿飞行时需要拍打翅膀，飞机却不需要？

　　虽然人类发明飞机是从鸟儿的身上受到启发的，但是鸟儿飞行时，明明需要不停地抖动翅膀，而飞机飞行时却不需要，这是为什么呢？原来鸟的翅膀上下形成的气压差不足以支撑它们的重量，翅膀运动可以增加气流量，从而支撑身体，而飞机在设计时已经解决了这个问题，所以飞行中的飞机并不需要抖动机翼了。

131 天空那么大，为什么飞机还是会相撞？

　　尽管天空有很广阔的空间，可是飞机在飞行中却有一道飞行航线，它有一定的高度、宽度和方向。每架飞机都是按照指定的方向、高度飞行的。飞行员驾驶飞机时用眼睛看到的视线范围是有限的，加上速度快，避让不及就会发生碰撞。

◀飞机飞行

132 直升机为什么能够停留在半空？

当直升机的旋翼在空中不停地旋转时，会施给空气向下的作用力，推动空气向下加速流动。与此同时，空气反过来给旋翼一个大小相等、方向相反的作用力，也就是理论上说的直升机受到的升力。直升机就是靠着这个升力升空的。当直升机想要悬停时，只要通过操纵驾驶杆，调整旋翼的转速，适当改变升力的大小，使得这个向上的升力刚好与直升机受到的向下的重力大小相等时，直升机就可以轻松地停留在半空了。

科学真相

竹蜻蜓又叫"飞螺旋"和"中国陀螺"，这是我们祖先的智慧结晶。这种古老的玩具为现代直升机的发明提供了启示。

133 降落伞为什么能救人？

降落伞是用油性织物或尼龙制成，平时可以折叠于伞包之中，使用时展开成伞状物工具。降落伞能救人是因为它很好地利用了空气阻力，使人或物从空中缓慢向下降落。它是从杂技表演开始发展起来的，随着航空事业的发展，后来用作空中救生，进而用于空降作战。

▶ 降落伞

134 为什么尼龙绳特别结实?

尼龙是聚酰胺纤维的俗称,它是世界上第一种合成纤维,具有一流的柔韧性和弹力回复性,耐磨、抗碱、抗酸。尼龙作为大用量的工程塑料,广泛用于机械、汽车、电器、纺织器材、化工设备、航空、冶金等领域。我们生活中被广泛应用的尼龙绳,例如登山绳、安全绳、牵引绳、工业吊装绳等就是用这种材料制成的,因此非常结实。

尼龙绳虽然结实耐用,但是在应用的过程中也应该注意,不能做一些影响它使用寿命的事情,例如不能在太阳下暴晒,不能用硬物砸等。

关于尼龙绳……
尼龙绳虽然使用方便,但是不能毫无节制地应用到各个领域。尼龙绳经高温水煮之后会产生对人体健康有害的物质,如二甲烷等毒素。因此不要用尼龙绳包扎需要加温的食品。例如,很多人包粽子时喜欢用尼龙绳来缠裹粽子,这是非常不健康的做法。

135 为什么有些塑料制品冬天会变硬?

　　轻巧耐摔的塑料制品给人们的生活带来了很多便利,塑料盆、塑料喷壶等。可是,塑料也给人们带来了一个问题,那就是等到冬天,天气转冷的时候,那些塑料制品会变得又硬又脆,很容易就损坏了。其实,塑料本身就是一种比较硬的材料,只不过在冬天你才有机会见到它的真实面目。在生产塑料制品时,为了让塑料变得柔软,人们给它加了大量的增塑剂。增塑剂是一种奇妙的物质,它具有润滑作用,可以使塑料分子之间灵活转动。可是,有的增塑剂具有明显的缺点,那就是不耐寒,到了冬天,它就不能有效发挥作用了。所以含有这种增塑剂的塑料制品就会变硬。如果你有一个这样的塑料盆,冬天端水时就得小心点了,以免水盆发生破裂,将水洒出来。

136 火焰为什么总是向上燃烧？

你有没有发现凡是有火焰的地方，所有的火焰无一例外都会努力向上蹿动，例如蜡烛的火焰，点开燃气灶喷出来的火焰等。这其中包含着奇妙的科学道理的。火焰加热了周围的空气，受热的空气体积膨胀，密度变小，重量也小于未加热的空气。在重力的作用下，密度大的空气就会把密度小的空气挤向上方，形成不断的向上气流。气流使火焰具有向上的形状。

137 为什么煤气刚打开时总有一股臭味？

煤气使用起来非常方便，但是暗含危险。我们知道煤气的主要成分是一氧化碳。它是一种无色无味的气体，有毒且容易爆炸。如果煤气管破裂，煤气逸散到空气中达到一定的浓度，会造成煤气中毒，如果遇到明火，还会发生爆炸。为了防止悲剧的发生，煤气在输送时掺进了少量有强烈臭味的硫化物，提醒人们注意，周围是否有煤气泄漏。

138 为什么烧红的煤放在地上会熄灭?

用过火炉子或者见过烧锅炉设备的人都知道,将烧红的煤块从炉灶中夹出来放在地上,用不了多久,煤块就自己熄灭了。这是因为燃烧需要同时具备的三个条件:物质具有可燃性;可燃物要与氧气接触;可燃物的温度要达到燃烧的最低温度,也就是着火点。烧红的煤块显然已经具备了前两个条件,但是周围的冷空气让煤球的热量散失得很快,当煤球周围的温度不能保证它燃烧时,煤球就会熄灭。

小小科学家

准备工作:1 根蜡烛 火柴(或打火机) 1 个高杯子(足够盖住整根蜡烛)

请小朋友们先将蜡烛点燃,等到蜡烛充分燃烧后,将准备好的杯子盖在蜡烛上,几分钟后将杯子移开,这时候你发现了什么?蜡烛亮着还是灭了?杯子的温度有何变化?

139 为什么"干冰"不是"冰"?

干冰不是冰，因为它不是由水凝结成的，而是由二氧化碳凝结而成的。假如我们把二氧化碳装在一个钢筒里，加上一定压力，同时把温度降低，它就会变成白色的固体，宛如冬天的雪花，这就是干冰。干冰的温度很低，为 −78.5℃，所以接触干冰的人一定要穿特制有保护性的衣服或者戴着皮手套，不然会对身体造成严重的伤害。

▲ 干冰

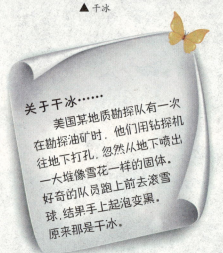

关于干冰……

美国某地质勘探队有一次在勘探油矿时，他们用钻探机往地下打孔，忽然从地下喷出一大堆像雪花一样的固体。好奇的队员跑上前去滚雪球，结果手上起泡变黑。原来那是干冰。

猜猜看：舞台、剧场、影视作品中出现的烟雾是用什么制造出来的？

140 人工降雨是使用飞机往地面洒水吗？

人工降雨是大家很熟悉的词汇了，每当哪儿有了旱灾，为了缓解灾情，当地的人们总是利用人工的方法，让雨水降落下来。这当然不是飞机从空中往下洒水，而是利用科学技术，让天上的水"老老实实"地自己下来。

人工降雨常常用到干冰。因为干冰在升华的时候，会吸收大量的热，使周围空气温度降低，而且没有液体留下，因此可做制冷剂。如果用飞机从高空撒播干冰，由于干冰升华吸热，气温降低，空气中的水蒸气迅速冷凝变成小水滴，于是，就开始下雨了。这就是干冰用于人工降雨的秘密。除了干冰之外，人工降雨还可以使用碘化银，道理和干冰是一样的。

不过，很多人对人工降雨的安全性存在着一些怀疑，干冰、碘化银这些东西会不会对环境造成损害呢？这个是不必担心的。因为这些物质的数量和雨水相比是很少很少的，少到可以忽略。因为，太多是会导致降雨失败的。

▶ 人工降雨

141 为什么焰火是五颜六色的?

美丽的焰火可以散发出各种各样的颜色,简直神奇极了!你有没有想过,这是为什么呢?焰火的底部装着黑色火药,顶端是一个圆球,圆球里装有发光剂与发色剂。当焰火中的火药被点燃发生爆炸后,就把焰火送上云端,而圆球里的发光剂和发色剂也同时燃烧,于是天空中就出现了五颜六色的焰火了!

142 为什么不提倡燃放烟花爆竹?

燃放烟花爆竹是中国人的一项传统习俗。燃放烟花爆竹能增添节日气氛,却往往带来不少危害。首先,燃放烟花爆竹会产生大量的有害气体和各种金属氧化物的粉尘,造成空气污染。其次,燃放时强烈的爆炸声还是一种城市噪声。此外,鞭炮在制作、运输和燃放的过程中容易发生爆炸,给人们的生命以及财产造成损害。

143 为什么冬天容易发生煤气中毒？

煤气就是一氧化碳，它是一种无色无味的气体。它被吸入人的肺里后，会迅速与血液中的血红蛋白结合，从而使血液失去携氧的功能，长时间身处这种环境中，尤其是当人熟睡后，人体就会出现缺氧的症状，轻则头晕、呕吐，重则有可能失去生命。冬天里天气寒冷，许多人选择用炭炉子来取暖，所以冬天更加容易发生煤气中毒。

▲ 火炉

144 蜡烛燃烧后变成了什么？

像人们常说的那样，蜡烛燃烧了自己照亮了别人，燃烧过的蜡烛究竟有没有留下什么呢？当然有了。蜡烛燃烧的时候，会产生二氧化碳和水蒸气。但是，并不是所有的碳都能燃烧干净，大部分未充分燃烧的碳微粒会随着二氧化碳和水蒸气一起向上升起，这就是我们看到的烟。

小小科学家

准备工作：一包彩色蜡烛（普通蜡烛也可）一个装水的盘子

蜡烛点燃后，将蜡烛拿至盘子上方，当蜡烛熔化，立即倾斜蜡烛，让蜡烛油滴入盘中（注意随时变换角度），很快你就会制作出一朵朵非常漂亮的蜡烛花。

145 面包里为什么会有许多小孔?

面包是一种营养丰富的食物,全麦面包、红枣面包、蓝莓面包等,不胜枚举。无一例外,所有面包里面都有很多大小不一的孔。这些孔是怎么来的? 我们还是先了解一下面包的制作过程吧! 面包师做面包时要给面粉加入一定量的酵母。酵母中的酶将淀粉分解成麦芽糖、葡萄糖等,并产生大量二氧化碳气体。二氧化碳气体分布在面团的面筋网里,使面筋变成如海绵状多孔的疏松体。再经过揉面和烤制,面团里二氧化碳受热膨胀,面包里就有了许多小孔。

科学真相

有人认为,刚出炉的面包够新鲜,这样吃才爽口。其实那是奶油的香味,面包本身的风味在完全冷却后才能品尝出来。刚出炉的面包还在发酵,马上吃容易引起胃病,所以还是放一会儿比较好。

146 为什么可乐倒在杯子里会有泡泡溢出来?

拿一瓶可乐,轻轻拧开瓶盖倒入杯子里,奇怪,杯子表面怎么会有泡泡冒出来呢? 这些泡泡是什么呢? 它们是可乐里面的东西吗?

杯子表面会出现泡泡, 这是因为二氧化碳从可乐里面溢了出来。喝可乐的时候,会发生这样的事情:罐子里的可乐溶有二氧化碳,二氧化碳来自可乐里面的碳酸部分。同时瓶子的上方留有空间, 里面也有少量二氧化碳气体。据测试, 罐子里面的压力是罐子外空气压力的两倍。二氧化碳分子有流动性, 在可乐液体和瓶子上方的空气中来回游走。一些从可乐中出来, 融入气体中, 而有些则从气体中进入到可乐里,这样在罐子里面的二氧化碳达到了一个量的平衡。

打开瓶子后,几乎罐子里所有的气体喷了出来,罐子里面的压力迅速下降,平衡被打破了。这意味着什么呢? 二氧化碳从可乐里面逃逸了出来,就是我们看到的杯子表面的泡泡。

147 有些塑料袋为什么不能装食品?

塑料袋给人们的生活带来了极大的便利,出门去超市买一大堆东西无法拿回来时,只要几个塑料袋就可以轻松搞定了。可是你知道吗?人们习惯用塑料袋来装食品,实际上,很多塑料袋都有毒不能装食品。尤其是一些五颜六色的塑料袋,其中含有大量毒素。因此,我们要用手感润滑的白色无毒塑料袋来装食品。

148 为什么高压锅做饭特别快?

我们都知道,在煮饭的时候,锅里的温度越高,饭就熟得越快。在标准大气压下,水的沸点是100℃,也就是说,水一旦被加热到100℃,就会变成水蒸气,温度不会再继续上升了。但在环境气压增大的情况下,水的沸点可以提高100℃以上。高压锅正是通过增大锅内的气压来提高水的沸点,从而提高锅内的温度,因此可以使饭熟得更快。

149 铝锅做饭为什么对人体有害?

我们厨房用来做饭的灶具除了有铁锅、不锈钢锅,还有铝锅,但是你可能还不知道,长期用铝锅做饭对身体是非常不利的。因为铝制品比较软,做饭过程中铝离子容易渗入食物中,从而被人食用。当这些铝离子在人体中累积到一定浓度时,很容易引发人的神经性问题。所以,家中有铝锅的小朋友要注意了,一定要告诉妈妈铝锅的危害!

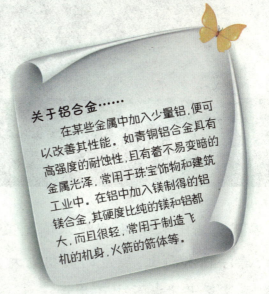

关于铝合金……

在某些金属中加入少量铝,便可以改善其性能。如青铜铝合金具有高强度的耐蚀性,且有着不易变暗的金属光泽,常用于珠宝饰物和建筑工业中。在铝中加入镁制得的铝镁合金,其硬度比纯的镁和铝都大,而且很轻,常用于制造飞机的机身、火箭的箭体等。

◀ 铝锅

150 为什么水有时可以灭火, 有时候却灭不了?

▲ 火灾

生活中, 一旦发生火灾, 我们自然就会想到用水来解救。但有的时候水并不能用来灭火。例如, 当油着了火, 不论是食用油还是汽油, 都不能用水来灭火。这是为什么呢?

因为油比水轻, 如果把水倒在正燃烧的油上, 油就会分散开来, 漂浮在水面上, 燃烧的面积更大, 火势也更迅猛。而这个时候, 泡沫灭火器就派上了用场。

一般的木材、纸张等着火后都可以用水扑救, 把水直接泼洒在可燃物上, 就可以熄灭火焰。其他像干冰、沙子等等物质也可以灭火。它们灭火的原理都是因为水或者沙子等物质可以把燃烧的物体和空气中的氧气隔开。而且水一旦碰到热的东西, 还会夺去大量的热量, 然后放出大量的水蒸气。这些水蒸气把燃烧的物体包围起来, 使它和氧气隔开。没有氧气, 物体便不能燃烧了。

所以, 针对不同的燃烧物质, 一定要找对灭火的物质, 否则不但灭不了火, 还可能引起更大的火灾。

151 灭火器为什么能灭火?

灭火器,又称灭火筒,其内装着化学物品,可以用来救火。通常公共场所或可能发生火灾的地方都备有灭火器。因为灭火器设计简单、携带方便,一般人都可以使用。灭火筒内装的成分不一样,如泡沫、干粉、二氧化碳、酸碱、清水等,所以根据不同的火灾应该选用不同的灭火器。以泡沫灭火器为例,它能够灭火是因为其内部的溶液在使用时,倒置可以产生大量二氧化碳泡沫。这些泡沫喷出后会在燃烧物上形成一层厚厚的泡沫,使燃烧物体与外界隔绝,氧气无法进去帮助燃烧,最后达到灭火的目的。

小小科学家

准备材料:一个罐头瓶 碱 醋 蜡烛 火柴

请小朋友们把碱放入罐头瓶底部,然后把蜡烛放入罐头瓶中,并点燃蜡烛,紧接着将醋缓缓地倒入罐头瓶中。这时,你有没有发现醋与碱接触出现气泡,它是二氧化碳吗?燃烧的蜡烛熄灭了没有?

▶ 灭火器

152 一勺糖为什么能把整杯水变甜?

小小一勺糖就可以使整杯水变甜, 这个生活常识很多人都知道, 可是你品尝这杯糖水时有没有想过其中的道理, 糖在放进杯子的那一刻里发生了什么? 其实, 糖在放进杯子里的那一刻就开始溶解了, 糖分子可以快速地遍布水的各个部分, 这个快速反应的过程被称为扩散。这样的话, 你所喝的糖水中都有糖分子, 所以会有甜甜的感觉。

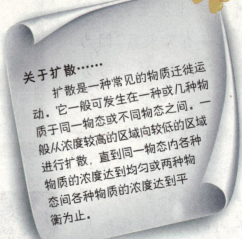

关于扩散……

扩散是一种常见的物质迁徙运动。它一般可发生在一种或几种物质于同一物态或不同物态之间。一般从浓度较高的区域向较低的区域进行扩散, 直到同一物态内各种物质的浓度达到均匀或两种物态间各种物质的浓度达到平衡为止。

153 敞口瓶装浓硫酸为什么会越来越多？

硫酸是一个喜欢"偷吃"的家伙，如果你仔细观察就会发现，实验室里放在敞口瓶中的浓硫酸会越来越多。这是为什么呢？

浓硫酸的吸水能力极强，它能够把空气中的氢与氧按照"二氢一氧"的比例夺走，而水的成分是"二氢一氧"。所以，瓶口的浓硫酸过一会儿重量就增加了。浓硫酸可不是一个好惹的家伙，它的腐蚀性极强。你在使用时，必须非常小心，而且千万不能把水往浓硫酸里倒，只能把浓硫酸慢慢倒入水中，不然就有可能发生危险。

154 味道有重量吗？

酸酸的柠檬、甜甜的甘蔗、咸咸的鱼干，我们的舌头多么厉害啊，它可以尝出这么多的不同味道。但是科学家告诉我们，舌头可以尝出来的基本味道有四种，它们分别是：咸、酸、苦和甜，其余的味道都是这几种味道的结合体。味道有的浓烈、有的清淡，于是人们开始研究味道的轻重，令人感到意外的是味道的轻重竟然是由它们的分子重量决定的。

▶酸酸的柠檬汁

155 酒精会杀死脑细胞吗?

　　随着健康意识的增强,越来越多的人意识到,喝酒会对人身体产生各种各样的损伤,例如损伤肝脏、损伤脑细胞。于是有人就问了,酒精能不能杀死脑细胞? 对此,科学家们给出了科学、全面的解释。他们研究发现,酒精确实会引起人脑反应迟钝和抑郁症等。但是这些问题并不是因为它杀死了脑细胞。只是,它悄悄地影响了神经细胞的信息传送能力。但是并不是说,酒精不会杀死脑细胞我们就可以贪杯了,很多研究表明,持续饮酒可以造成不可治愈的神经系统疾病。

156 酒精检测仪能测出司机是否喝过酒吗？

司机开车需要聚精会神，否则很容易出现交通事故，严重时还威胁到人们的生命安全。即使这样，还是有人在喝酒之后开车上路。酒精会麻痹人的大脑，酒后人的思维迟钝、身

▲ 酒精检测仪

体平衡能力也会受到影响。所以酒后驾车，是一件非常危险的事情。为了检查司机是不是酒后驾车，交警使用了一种秘密武器——酒精检测仪。酒精检测仪是一种可靠、高精度、呼吸式酒精检测仪器。它采用新型高科技仪器，可以准确探测气体酒精含量，并且不会因为烟味、可乐、咖啡等非酒精类气体的干扰而出现失误。

科学真相

有时候司机明明没有饮酒，但被检测出"饮酒"驾驶，这并不是仪器出了故障，而是有些食物在作怪，如荔枝。一些水果摘下来后仍会进行呼吸作用，这时候就容易产生乙醇，也就是酒精。

157 什么是B超？怎样利用它治愈疾病？

　　B超是一种超声波，我们人耳是听不见的。现在，人们已经广泛利用B超来检测疾病了。小朋友们一定会好奇B超是怎样检测疾病的，现在我们就一起去看看它的神奇之处吧！原来，当医生将B超诊断仪放在病人需要检查的部位时，B超诊断仪的探头就会在病人身体上不断地来回探测，并发出超声波。由于人体生病的部位与正常组织反射回来的超声波是不一样的，所以医生就可以依照屏幕上显示的超声波结果来判断一个人是不是生病了，并且可以确定疾病的部位和性质。

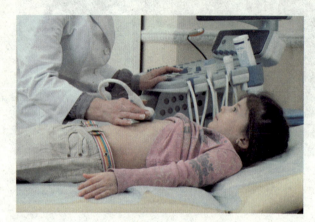

▲ 利用超声波检测疾病

关于四维B超……
　　四维B超，简称4D超声，是目前世界上最先进的彩色超声设备。这项技术能够实时获取三维图像，超越了传统超声的限制。它在腹部、血管、小器官、产科、妇科、泌尿科、新生儿和儿科等多领域中发挥着重要的作用。

158 超声波怎样为盲人指路?

蝙蝠可以在黑夜中安全飞行，是因为有超声波的帮忙，人类能不能利用超声波帮助那些有视力障碍的人"看"路呢？最早出现的盲人探路仪可以接收超声波？然后把它转换成不同音调的声响，可以探测出 10 米以内的电杆、台阶、人行道边缘等。随着科学技术的进步，越来越多的超声波产品出现了，例如超声眼镜、超声手杖等。

159 什么是超声波驱蚊器?

夏天，有蚊子的地方人类就不得安宁，稍不留心身上就被叮出好几个大包，奇痒难忍。科学家们一直试图找到一种安全有效的驱蚊方法。后来，科学家们发现蝙蝠利用超声波捕虫，让那些小虫子惶惶不可终日。于是，科学家们也想利用超声波驱赶蚊虫。现在，这一想法已经实现了。超声波驱虫器是一种可以发出不同频率超声波的简单仪器，能使蚊子等家庭害虫闻风丧胆。

160 照相的闪光灯为什么一亮就爆?

我们在电视上经常会看到,新闻记者常用闪光灯拍照。灯泡一闪,发出耀眼的亮光。这时按一下照相机的快门,照片就拍好了。灯泡里是什么东西在燃烧?那么迅速而又那么炽烈?它既不是汽油,也不是酒精,而是金属镁或铝。镁和铝都是雪白银亮的金属,重量不大。可是一燃烧起来,异常迅猛。因为它们的氧化作用很特别:在干燥的空气里差不多不发生变化;在湿空气中会慢慢地生成一层氧化物的薄膜,掩护着金属的表面;可是一遇到高温,镁就会在空气中燃烧,生成白色的氧化镁,产生大量的热,并且发出极强的白炽光芒,这种光对照相胶片的感光作用极大,即使在漆黑的夜里,在闪光灯的照耀下,依然可以把景物清晰地拍下来。

不可思议

全息照片是用全息摄影技术拍的照片,它能显出立体的影像。拍全息照片用的不是普通的相机,而是一台激光器。

161 什么是单反镜头反光式照相机?

单反镜头反光式相机就是我们所说的单反相机。这种相机的主要特征是:照相机只有一个镜头,这一镜头既被用来取景,也被用来摄影。这类相机依靠内装的反光镜和五菱镜取景器,通过摄影镜头取景,所以取景和拍摄之间没有视差。而且这类相机一般都采用焦点平面快门,可以更换不同焦距的镜头。

▲ 单反镜头照相

162 什么是数码相机?

所谓数码相机就是一种依靠现代高新技术,能把被摄物的像通过数字形式而非传统胶片形式来记录的照相机。具有实用价值、商品化的数码相机诞生于20世纪90年代中期,在以后的几年里获得了飞速发展。现在,数码相机已经不是什么新奇产品,越来越多的人已经拥有这种数码产品。

▲ 数码相机

163 冰箱为什么能使食物保鲜？

如果我们不能在食物有限的保质期内将它们吃掉，它们就会变质、腐烂。人体如果食用了变质的食物就会引起身体不适，严重时还会引发癌症。但是将吃不完的食物扔掉是非常浪费的事情。为了解决这个问题，人们发明了冰箱。那么，冰箱是怎样使食物保持新鲜的？原来，冰箱能使食物保鲜，秘密就在于它可以源源不断地制冷，使"身体"内部的温度低于外面的温度。在这种低温环境下，食物就会保持新鲜，我们也不用担心它在短时间会变质了。

▲ 冰箱

164 为什么空调能制冷又能制热？

因为空调里面装有四通阀，可以互换制冷制热。简单地说，空调的制冷制热转换实际上就是把空调的室内和室外机工作位置调换了，制冷时空调把室内热量带到室外，制热时空调把室外的热量带到室内。

▲ 空调

165 为什么抽油烟机能把烟抽走？

▲ 抽油烟机

抽油烟机安装于炉灶上部,接通抽油烟机电源,打开开关,使得风轮高速旋转,使炉灶上方一定的空间范围内形成负压区,将室内的油烟气体吸入抽油烟机内部,油烟气体经过油网过滤,进行第一次油烟分离,然后进入烟机风道内部,通过叶轮的旋转对油烟气体进行第二次的油烟分离,风柜中的油烟受到离心力的作用,油雾凝集成油滴,通过油路收集到油杯,净化后的烟气最后沿固定的通路排出。

166 吸尘器为什么能吸尘？

脏脏的地毯,看起来真让人发愁,可是吸尘器一出马,立刻变得干干净净了,为什么呢? 吸尘器能够吸尘,是因为其内部和外部能产生压力差。压力差越大,吸尘能力就越强。吸尘器的压力差是利用电机的高速转动带动风叶组旋转,从而使吸尘器内部产生一个局部的真空而产生的。有了这个真空状态,吸尘器就可以利用内、外的压力差来吸尘了。

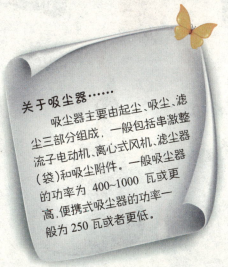

关于吸尘器……
吸尘器主要由起尘、吸尘、滤尘三部分组成,一般包括串激整流子电动机、离心式风机、滤尘器(袋)和吸尘附件。一般吸尘器的功率为 400~1000 瓦或更高,便携式吸尘器的功率一般为 250 瓦或者更低。

167 为什么机器人能听懂人讲的话?

看过电影《变形金刚》的小朋友一定会惊叹电影中那群机器人的精彩表现！电影中它们不仅会行动，而且能听懂人话，这简直太神奇了。其实，即使不是电影中的"机器人明星"，一般机器人也能听懂人话。这其中隐藏着怎样的秘密呢？原来，科学家们在制造机器人时，刻意为它们安装了一种奇特的"耳朵"。但是，这个过程最终是由机器人中的电脑操控的，当人说话时，机器人的声音接收器将声波信号转换成电信号传给电脑，经电脑语音识别系统确认后，机器人才能对人说的话做出及时准确的反应。如果你有机会和机器人说话，就会发现这种通话非常有意思。

不可思议

有些机器人既可以模仿人类的外观与动作行为，又可以模仿人的思想感情。在2001年，美国麻省理工学院研发了世界上第一个有模拟感情的机器人。

猜猜看：机器人"大黄蜂"是哪部电影作品中的人物？

168 为什么要研制核电机器人？

核和人类之间是一种非常微妙的关系，人类既想利用它，又有点害怕它。为了便于对核反应堆进行检查和保养，并使操作人员减少受到核辐射，科学家们研制了适应各个危险部位、能处理各项事故的专用核电机器人。核电机器人在检修反应堆时，即使有很强的核辐射，也不用担心辐射会对机器人的身体造成伤害。

169 为什么说机器人不能代替人类？

虽然机器人的诞生给人们的生活带来了很多便利和趣味，它们看起来无所不能，于是有人会担心人类会不会被机器人所取代，其实这种担心是完全没有必要的。为什么会这样说呢？这是因为机器人是由人类设计制造的，它们所做的一切也都是在人的指令下进行的。所以机器人只能执行科学家预先设定好的程序。而对于未设定的程序，它们是无法执行和判断的，也就是说，没有人类的指挥，机器人根本无法正常工作，因此它们也就不能代替人类。

▲ 电动感应门

170 电动门能感应到周围人的存在吗?

电动门可以感应到周围人的存在，这是因为电动门完全依靠电子仪器的感应和电脑的指挥。当人走到一定范围内时，电动门周围的传感器感应到了并且发出开门的指令，自动系统就会打开大门，而在一段时间之后，传感器觉察不到有人的时候，又会自动把门关上。

171 为什么电梯能自动运行?

一口气爬上一座28层的高楼对大多数人来说，都是一个莫大的挑战。有没有办法既可以省力，又可以到达目的地呢，当然就得靠电梯来帮忙了。电梯这么神奇，它怎么可以自动将人送到目的地呢?电梯能自动运行，是由于它安装了微型计算机控制器，在这个控制器的内部，有预先编制好的控制程序。它能及时地收集并处理电梯内和各楼层乘客需要进出电梯的信息，然后发出相应命令，保证电梯自动、安全地运行。

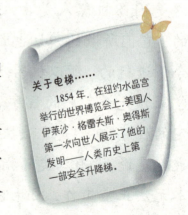

关于电梯……

1854年，在纽约水晶宫举行的世界博览会上，美国人伊莱沙·格雷夫斯·奥得斯第一次向世人展示了他的发明——人类历史上第一部安全升降梯。

172 干手器为什么会自动开关？

干手器是一种卫浴间用来烘干双手或者吹干双手的洁具电器。它用起来非常方便,只要将手放在机器下面,刚刚洗过的湿手就变干了,是不是很神奇呢! 干手器为什么会自动开关呢?

这是因为干手器内有传感器,当传感器检测到信号(手)时,此信号控制打开加热电路继电器及吹风电路继电器,开始加热、吹风。当传感器检测的信号消失时,释放触点,加热电路及吹风电路继电器断开,停止加热、吹风。

▲ 干手器

173 为什么一跺脚楼道里的灯就亮了？

小朋友,有时我们在楼梯内,只要一跺脚楼道里的灯就亮了,你知道这是为什么吗? 这里面其实是有科学道理的。在灯的里面有声控开关,灯的内部有声传感器,当震动时会改变电阻,从而引起电流变化,灯就亮了。

174 为什么用银器盛放食品不容易腐烂?

小朋友,我们在电视中会经常看到,蒙古族人用银碗盛美酒、马奶来招待尊贵的客人。这不仅表示他们对客人的尊重,其中还有一个原因,就是用银碗盛放的食品不容易变质腐败。银不容易溶解于水。可是,世界上没有绝对不溶于水的东西。银和水接触后,还是有极微量的银进入水中成为银离子。科学家发现,银离子的杀菌能力很强,1升水中只要含有五百亿分之一克的银离子,就可以消灭细菌。食物中如果没有了细菌,自然就不容易腐败变质了。

科学真相

银器能验毒之说是不科学的。因为银器只有在接触含硫物质时,才会失去原有的光泽。但是含硫的物质不一定有毒。相反,剧毒物质氰化钾、氰化钠等,由于不含硫元素,银器也就不会变黑。

猜猜看:哪种银在国际标准上被认为是纯银?

175 为什么罐头食品可以长久储藏?

在冰箱诞生以前,人们想要较长时间保存食物,似乎是不太可能的。但是聪明的人类有一个秘密武器,那便是将食物制作成罐头。大航海时代,船员们长年累月在海上航行,食物得不到足够的补给。罐头就是他们最常见的食物。那么为什么罐头食品可以长久地保存呢? 我们知道食品的腐烂是因为受细菌污染,罐头食品在封装好后进行杀菌,食物上已经没有活细菌,故罐头食品不容易坏。即使这样,也不是说罐头可以长期地保存下去,罐头食品也有保质期:一般鱼肉禽类罐头为 24 个月;果蔬类罐头为 15 个月(马口铁罐头保存期为 1 年,玻璃瓶罐头为半年)。

176 什么是太阳能？

阳光照射到地球上，给地球带来热能和光能，这就是太阳能。地球上所有动植物的生长都离不开太阳能。植物通过光合作用释放氧气、吸收二氧化碳，并把太阳能转变成化学能在植物体内贮存下来。我们人类的生存也离不开太阳能，一方面我们直接从太阳身上获取能量，另一方面我们从动物、植物那里获得食物，而这些都是太阳能的恩赐。现在，人们已经发现了许多利用太阳能的方法，例如太阳能热水器、太阳能电池等。

▲ 太阳能热水器

177 太阳能热水器是怎样把冷水加热的？

太阳能热水器因为节能广受人们的喜爱。你知道太阳能热水器是如何工作的吗？首先，冷水先通过管道从太阳能热水器的水箱底部进入水箱内，冷水流过真空集热管，真空集热管收集太阳能，将太阳能转化为热能，然后把冷水加热。由于冷水的比重比热水的比重大，热水会自动往上升，然后形成一个循环动力，水就在集热管内逐渐升温，达到一定温度后就能从水箱的顶部进入储热水箱，然后真空管继续加热后面的冷水。储热水箱里的热水又和水箱底部的冷水中和，再进入到真空管里加热。如此循环，水箱里的水不断升温，再加上水箱的保温作用，使水能在较长的时间内保持其温度。

▲ 太阳能

178 太阳能为什么是 21 世纪的主要能源？

因为太阳能是一种辐射能，不带任何化学物质，是最洁净、最可靠的巨大能源宝库。经测算表明，太阳能释放出相当于 10 万亿千瓦的能量，而辐射到地球表面的能量，虽然只有它的几十亿分之一。未来随着常规能源的日益短缺和环境质量的不断恶化，作为可再生能源主力的太阳能将在全球能源供应中扮演越来越重要的角色。

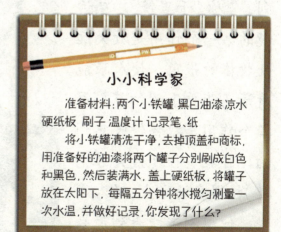

小小科学家

准备材料：两个小·铁罐 黑白油漆 凉水 硬纸板 刷子 温度计 记录笔、纸

将小·铁罐清洗干净，去掉顶盖和商标，用准备好的油漆将两个罐子分别刷成白色和黑色，然后装满水，盖上硬纸板，将罐子放在太阳下，每隔五分钟将水搅匀测量一次水温，并做好记录，你发现了什么？

179 望远镜怎样望远?

　　神话故事中的千里眼着实让人羡慕,聪明的人类也想拥有这种本领,于是在人们的潜心研究之下,望远镜诞生了,它延长了人们的视线,是一项了不起的发明。1608 年,荷兰人汉斯·利伯希发明了第一部望远镜。1609 年,意大利佛罗伦萨人伽利略·伽利雷发明了 40 倍双镜望远镜,这是第一部投入科学应用的实用望远镜。望远镜是一种利用凹透镜和凸透镜观测遥远物体的光学仪器。利用通过透镜的光线折射或光线被凹镜反射,使之进入小孔并会聚成像,再经过一个放大目镜而被看到,又称"千里镜"。望远镜的第一个作用是放大远处物体的张角,使人眼能看清角距更小的细节。第二个作用是把物镜收集到的比瞳孔直径(最大 8 毫米)粗得多的光束,送入人眼,使观测者能看到原来看不到的暗弱物体。

关于哈勃空间望远镜……

哈勃空间望远镜是人类第一座太空望远镜,总长度超过 13 米,质量为 1.1 万千克,运行在地球大气层外缘离地面约 600 千米的轨道上。哈勃望远镜大约每 100 分钟环绕地球一周,它是以天文学家爱德文·哈勃的名字命名的。

▲ 望远镜

180 显微镜怎样"显微"?

最早的显微镜是由一个叫詹森的眼镜制造匠于1590年发明的。但他并没有发现显微镜的真正价值。也许正是因为这个原因，詹森的发明并没有引起世人的重视。90多年后，显微镜又被荷兰

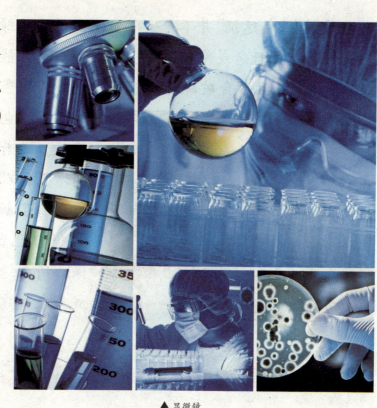

▲ 显微镜

人列文虎克研究成功了，并且开始真正地用于科学研究试验。显微镜的光路主要由物镜和目镜组成，物镜将样品在它的后焦面外面成倒立的放大的实像，目镜系统再把这个实像进一步放大成正立的放大的虚像，人眼看到的就是这个虚像。经过这样多次的放大就能观察到将微小物体放大到几百倍甚至上千倍的像。

181 什么是绿色建筑？

所谓"绿色建筑"并不是一般意义上的立体绿化、屋顶花园，而是代表一种概念或象征，即建筑对环境无害，能充分利用环境自然资源，并且不会破坏环境基本生态平衡的条件下建造的一

种建筑，也就是节能环保建筑。随着人们环保意识的增强，人们对建筑的诉求也有了新的高度，他们希望自己的居所健康环保，所以绿色建筑势必会成为未来建筑的方向。

182 建高楼为什么要打很深的地基？

一座座高楼可以在地面上稳固地存在着，源于它稳固的地基。地基就像是大树的根部一样，大树的根部强健了，大树才能支撑住整个树干。因此，建高楼时要打很深的地基。如果你刚好经过一个建筑工地，看见地面被挖开一个大坑，一定不要大惊小怪，那是工人们正在努力给大楼打地基呢！

183 为什么要造地下建筑？

地球上可以利用的土地是非常有限的，尤其是在城市中土地资源更为宝贵，为了合理利用资源，人们将目光投到了地下。

于是许多地下建筑就诞生了，例如地下停车场、地下超市、地下商场等。

◀ 地下停车场

184 高层建筑如何抗震？

高层建筑帮助人们解决了土地资源紧张的问题，但是人们不得不又面临新的问题，例如抗震。众所周知，地震会给人们的生命财产带来巨大的损失，尤其是现在城市中的高层建筑，因为人口密度大，一旦发生强震，造成的损失是巨大的。于是人们想方设法寻求高层建筑的防震方法。首先，高层建筑在设计时必须考虑到抗震、防震的功能。其次，居住、工作在高层建筑物中的人员在地震发生时一定要沉着，积极寻找应急办法。

不可思议

地震发生前常会出现一些异常现象。例如，地下水在地震前出现发浑、冒泡、变味；一些动物不进食、乱闹乱叫等。

185 什么是光纤？光纤为什么可以通信？

　　光纤是石英纤维的简称，它体积小、质量轻、损耗低、传输频带宽、载送信息量大。凭借着这些优点，人们将它应用到现代通信领域。于是，光纤通信诞生了。到底什么是光纤通信呢？其实光纤通信是利用光导纤维做传输媒质，将信息从一处传到另一处的一种通信方式。光纤的本领可大了，一根光纤同时让成千上万部电话畅通无阻是完全不成问题的。与传统的铜线相比，光纤的讯号衰减与遭受干扰的情形都得到了良好的改善，特别是长距离以及大量传输的使用场合中，光纤的优势更为明显。

▲ 光纤

186 光纤为什么可以让上万人通话?

小小的光纤就可以让上万人通话,简直太神奇了,这其中蕴藏着怎样的秘密呢? 这是因为光纤中的"调制器"能把语音、图像信号转变成适合于光纤传输的光信号,而这种光波的频段非常宽,能满足大量不同电话频段的需要。

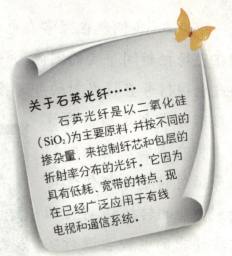

关于石英光纤……

石英光纤是以二氧化硅(SiO_2)为主要原料,并按不同的掺杂量,来控制纤芯和包层的折射率分布的光纤。它因为具有低耗、宽带的特点,现在已经广泛应用于有线电视和通信系统。

187 怎样用光纤来预测地震?

光纤预测地震主要是通过光纤传感器来实现的。这是由于光纤传感器具有长距离遥测、耐恶劣环境(可耐500℃以上高温)、灵敏度高、易于联网等突出优点。一旦在地震带附近建立起永久的可以监测地震的光纤传感器网络,就可以及时地监测地下的异常情况,对可能发生的地震发出预警,最大可能地避免人员伤亡和财产损失。光纤传感器可埋入温度高达250℃以上的地层深处,因此可测量距离达数百千米,可用于检测地震波、地质板块内部应力、温度、位移和倾斜、地下流体压力、地下磁场等地下物理量的动态变化。

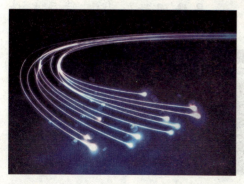

◀ 光纤传感

188 为什么能看到现场直播?

小朋友,我们现在经常在电视上看到现场直播,现场直播是指在现场把新闻事实的图像、声音及记者报道、采访等转换为广播或电视信号直接发射的即时播出方式,就新闻事件来说,它既是报道方式也是播出的节目。将在直播现场录制的信号通过转播车把信号传输到当地的转播站,再传回需要播出的电视台进行实时播出。这样大家就能实时地看到节目了。

189 什么是数字电视?

小朋友,相信大家都喜欢看电视,一定听过数字电视吧。那么让我们具体了解一下吧。数字电视就是指从演播室到发射、

传输、接收的所有环节都是使用数字电视信号或对该系统所有的信号传播都是通过由0、1数字串所构成的数字流来传播的电视类型。其信号损失小,接收效果好。

190 液晶为什么能显像?

液晶是一种高分子材料,因为其特殊的物理、化学、光学特性,20世纪中叶开始被广泛应用在轻薄型的显示技术上。我们每天都会用到的电脑、手机的屏幕都是液晶的。人们熟悉的物质状态(又称相)为气、液、固,较为生疏的是等离子体和液晶。液晶为什么能显像? 液晶是处于液体和晶体之间的有机化合物,在一定条件下,液晶不但具有液体的流动性和连续性,还具有晶体的电学和化学性能。液晶对磁、电、光、声、热、力等外界条件的变化十分敏感,科学家们正是利用液晶的这一特性,通过控制液晶内部的振动范围的大小、形状和部位,达到显示数字和图像的目的。

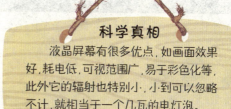

科学真相

液晶屏幕有很多优点,如画面效果好,耗电低,可视范围广,易于彩色化等,此外它的辐射也特别小,小到可以忽略不计,就相当于一个几瓦的电灯泡。

191 为什么要利用卫星进行通信?

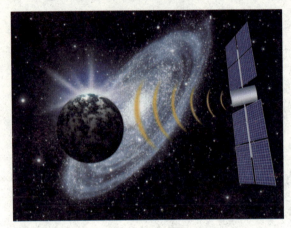

微波通信通过建立中继站实现远距离通信有很大的缺点,因为地球上有些地方无法建立中继站。而通信卫星不受任何地形限制,一颗通信卫星就可以容纳上万路电话,也可进行多路电视通信,还可以进行数据、文字、图像和移动通信。

192 人造卫星会不会掉下来?

月亮不停地围绕地球运行,是地球的天然卫星。人造地球卫星则是人工制造并发射到太空中围绕地球运行的物体。人造卫星是围绕地球飞行,并且在空间轨道运行一圈以上的无人航天器。在宇宙中飞行的时候,它是不会掉下来的。这是由于在脱离火箭进入太空后,太阳帆板就开始工作了,它像两对硕大的翅膀,能够将太阳能转换成电能,为卫星上的电器设备提供足够能源。迄今为止,全世界已经发射了数千颗人造卫星,这些人造卫星基本上可以分为应用卫星、科学卫星和技术试验卫星。

193 宇航员离开地球轨道飞向月球为什么会失重？

这个时候虽然飞船离开地球很远，但仍然受到地心引力的作用，只不过地球对飞船的引力恰好等于飞船绕地球旋转的离心力，因此飞船和宇航员都处于一种失重状态。

质量与重量不同，重量表示物体所受重力的大小。宇航员的质量是固定的，不管在宇宙的哪一个地方都是不变的。然而，它在行星和月球上的重量是不一样的。因此，重量是人与行星之间的相互作用力。

牛顿的万有引力定律指出，自然界中任何两个物体都以一定的力互相吸引，吸引力与它们的质量成正比，与距离平方成反比。这就意味着人和地球互相吸引，吸引力是一般大的。但加速度与物体的质量成反比，质量越小的，加速度越大。因此，质量小的人会加速向地球靠近。当宇航员离开地球时，他与地球之间的相互作用会发生变化。地球的引力一直向外扩充，月球的引力也是如此。当宇航员飞向月球时，在某一处，月球的引力会超过地球的引力，这时，他就不会坠向地球，而是向月球靠近。也就是说，虽然离地球或月球表面远时引力会变弱，但在整个飞行过程中，引力始终是存在的。

不可思议
哈雷彗星、海王星、冥王星都是人们应用万有引力定律计算发现的。

194 电影是什么时候出现的?

　　1895年,法国卢米埃尔兄弟发明了电影放映机,电影也由此产生了。最开始的电影和现在的电影是不同的,由于当时技术条件的限制,画面都极其简单,也不是彩色的,还没有声音。不过,它已经具有电影所包含的本质东西,能把一些静态的图片相连,然后卷在轴上,通过放映机把它投射到银幕上。1927年10月6日,华纳兄弟公司出品的《爵士乐歌手》,标志着一个电影新时代的来临,电影也开始从无声向有声转变。

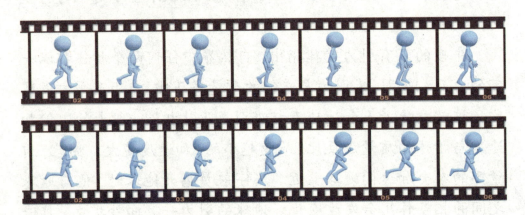

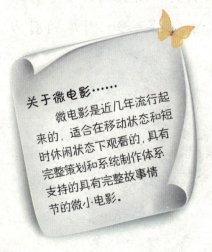

关于微电影······
　　微电影是近几年流行起来的,适合在移动状态和短时休闲状态下观看的,具有完整策划和系统制作体系支持的,具有完整故事情节的微小电影。

195 看立体(3D)电影为什么要戴眼镜?

看立体电影时,我们都会戴上一副特制的眼镜,这样当银幕上一辆汽车迎面驶过来时,我们就会感觉到它是驶向自己的。这是因为立体电影在拍摄时,一般是用两个镜头并排在一起分

▲ 看 3D 电影

别拍下了同一物体的两个画面,或者是在一个镜头上添加了一个三棱镜,在同一张片子上左右各半拍下两个相同的画像,放映时把两幅相同的画像同时映在银幕上。

要是设法使每个观众的一只眼睛只能看到其中的一幅画像,就可以使观众得到立体的感觉。大家可能会觉得奇怪,看电影总是用两只眼睛看,总不能将另一只眼睛蒙上吧! 因此人们专门设计了一种叫作偏振光滤光镜,并做成了眼镜片,同时在两架放映机上也放上这种镜片,在左边的放映机上放上一块角度相同于观众左眼所佩戴的偏振光滤光镜,右边的放映机上和观众的右眼镜片一样,都戴上与左面相差180度的偏振光滤光镜,这样观众的左眼只能看到左面的画像,右眼只能看到右面的画像,这样银幕上两个像通过两只眼睛,各自反映到大脑把它重叠为一个像,并产生了立体感。因此,看立体电影时人们必须佩戴这种特制的眼镜。

196 什么是激光？它有什么用途？

激光是 20 世纪以来，继原子能、计算机、半导体之后，人类的又一重大发明，被称为"最快的刀""最亮的光"。它最初的中文名叫作"镭射"，意思是"通过受激发射光扩大"。随着科学技术的发展，人们对激光的研究也取得了突破性的进展，激光应用的领域也越来越广泛。我们常见的激光应用有激光美容、激光切割等。例如，有的人脸上不小心受伤之后会留下不美观的疤痕，这在以前是一件非常令人头痛的事情。但是现在有了激光美容，再也不用担心那些讨厌的疤痕了。此外，激光还广泛应用于现代武器中。

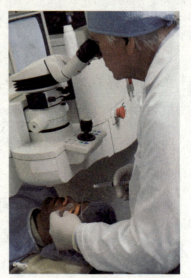
▲ 医生进行激光眼科手术

197 激光是怎样鉴别珠宝真假的？

小朋友，你知道吗？激光还可以鉴别珠宝呢。激光鉴别珠宝真假时，只要将激光聚焦在珠宝表面的一个极其微小的区域，并使那一点汽化，然后直接观察蒸气云的发光，再放电观察光谱，就可以对珠宝的成分和年代进行分析鉴定，辨其真伪。

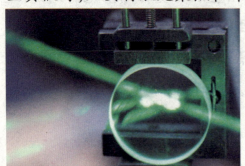
◀ 激光

198 什么是激光唱片 (CD) ？

激光唱片是把声音信息转换成数码，并以无数个有序的小坑的形式用激光将其"刻"在唱片上的音响载体。它放出的声音不失真，且没有杂音，当第一批激光唱片和激光唱机在 1979 年问世时，就给人们带来了巨大的震撼，从此人们就被这种纯净的音乐深深吸引。

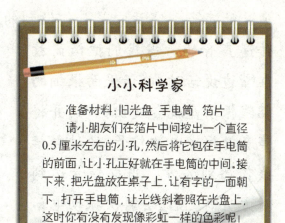

小小科学家

准备材料：旧光盘 手电筒 箔片

请小朋友们在箔片中间挖出一个直径0.5 厘米左右的小孔，然后将它包在手电筒的前面，让小孔正好就在手电筒的中间。接下来，把光盘放在桌子上，让有字的一面朝下，打开手电筒，让光线斜着照在光盘上，这时你有没有发现像彩虹一样的色彩呢！

▲ 激光唱片

199 为什么电话能传递声音?

电话是一项伟大的发明,它可以让相距很远的两个人听到彼此的声音。究竟它是如何做到的?其实,电话是通过电话线传递声音的。当我们把话筒放在嘴边说话时,电话里面很细的铝线振动盘就会发出振动,并将声音转化成电波信号,通过电话线传播到远方。当电信号达到对方听筒之后,会再次振动电话的振动盘,并被还原为声音。

关于智能电话……

智能电话是人类科技史上的一次伟大革新,它除了有完整的固定电话功能外,通常还可以进行网络浏览、音视频的播放、具有电子书、电子相框、娱乐等功能。

200 为什么触摸屏能对人的触摸做出反应?

触摸屏是一项伟大的发明,人们只要用手指在电子产品屏幕上轻轻一点就能够完成发号施令了,非常方便。为什么会如此神奇呢?这是因为触摸屏上的触摸点都对应着一个功能开关。手指接触到这个开关区域,相应的功能就会立刻启动,从而执行一个个命令。

201 为什么最好不要在电话铃刚响时接电话?

我们可能有这样的经历,当电话刚响铃时,我们接电话容易断线,这是有原因的。而且这种做法很不妥,时间久了,电话受话器的灵敏度会降低,杂音会增大,并影响电话机的使用寿命。

电话铃声响时,外线约有80V的振铃电压输入话机,此时拿起话筒,振铃电流就会通过耳机、受话器,使耳机、受话器中磁铁的磁性减弱,灵敏度降低,甚至会使振极和炭精烧结成块,失去送话能力。

202 呼叫转移是怎么回事?

我们在使用电话时,有一项功能叫呼叫转移。究竟什么是呼叫转移呢?呼叫转移是指当客户不能接听电话时,可把来电转移到客户预先设定的前转号码(如留言信箱、秘书台、移动电话、固定电话)上的业务。它可以帮助用户及时知道谁联系了自己,避免了因为没有及时接听电话而错过重要的事情。

203 什么是红外线治疗？

利用红外线治病，在医学上叫"红外线光疗"。光疗就是应用日光、人造光源中的可见光线和不可见光线防治疾病的方法。

科学真相

光疗始于日光疗法，早在公元 2 世纪就有了日光疗法的记载。采用人工光源的光疗发展较晚，始于 18 世界末至 19 世纪中，随后可见光、红外线、紫外线等相继形成，并广泛应用于临床治疗中。

它主要利用红外线热效应显著的特点进行镇痛解痉。热是一种刺激，红外线照射到病人疼痛的部位，热刺激随局部疼痛一起传入中枢神经以后就减轻了痛觉的作用。

204 什么是 X 光，它能透过人体吗？

1895 年，德国科学家伦琴偶然发现了一种类似光波的看不见的电磁波，因为不知道它是什么，便称之为 X 光。直到 20 世纪初，人们才真正了解 X 光，并将它应用到医疗中，成为人类认识疾病的有力武器。X 光可以穿透柔软的物质，例如人的肌肉和神经组织，因此经常被用于检查人体内部看不见的损伤，如 X 光胸部透视、胆囊造影、胃肠造影及血管造影等检查。

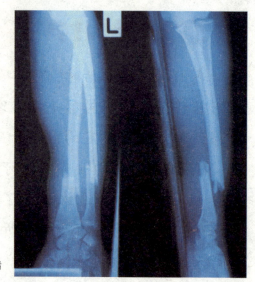

▶ 大腿骨折的 X 光照片

205 什么是CT？

CT 的中文意思是计算机断层扫描，其基本原理是穿过人体的 X 线被探测器检出，然后变成电信号输入计算机，计算机再把这些电信号计算后，传到显示器上就形成了人体横断面的图像。

CT 为我们提供被测物品的完整三维信息，不同物体对射线的吸收和透过率不同，即使是非常微小的差异也可以区分出来，这给医学诊断、工

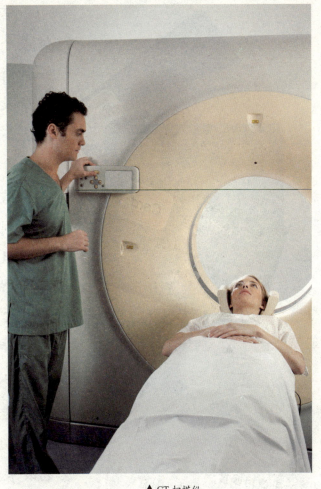

▲ CT 扫描仪

业检测和科研带来了极大的便利。但是 CT 扫描带来的危害也应该引起我们的重视。CT 主要的危害来自于射线源，高能射线源能对人体组织及环境造成不可逆转的破坏，即使是医用的 X 射线 CT，多次的累积使用，依然可以给被照者的身体产生不良的影响。

206 什么是信用卡？

▲ 信用卡

信用卡是银行发放给单位或个人的一种特殊卡片，是一种消费信用凭证。银行会对申请人及担保人的工作状况、经济条件等进行调查，符合要求后才会批准申请人的申请。有了信用卡之后，持卡者可以通过刷卡直接结账，还可以在规定限额内短期透支。20世纪60年代，信用卡在美国、加拿大等国萌芽发展，到了20世纪80年代，信用卡作为电子化和现代化的消费金融支付工具开始进入中国。几十年时间里，信用卡在中国得到了飞速的发展。现在，刷信用卡消费已经成为年轻人最常用的支付方式之一。虽然信用卡给我们的生活带来了极大的便利，但是恶意透支信用卡是要追究法律责任的。

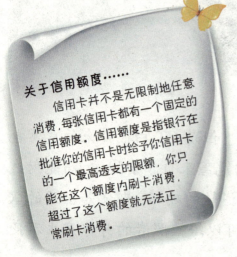

关于信用额度……

信用卡并不是无限制地任意消费，每张信用卡都有一个固定的信用额度。信用额度是指银行在批准你的信用卡时给予你信用卡的一个最高透支的限额，你只能在这个额度内刷卡消费，超过了这个额度就无法正常刷卡消费。

207 用自动柜员机为什么可以提出钱来？

自动柜员机又叫 ATM 机，是专门用于存、取现金的现代化电子设备。我们的银行卡上的磁条存储着很多信息。自动柜员机可以辨认银行卡磁膜编码和用户输入的密码，如果密码无误，且卡内有足够的余额或插入的是可透支的信用卡时，柜员机就会根据用户需要乖乖地将现金吐出来。自动柜员机给我们的生活带来了很多便利，有了它，我们可以在任意时间提取现金了。

208 为什么刷卡就可以买东西？

小朋友们有没有注意到，爸爸妈妈带我们去超市、商场买东西时，经常会拿出银行卡片在 POS 机上刷一下，等到机器吐出消费凭条，在上面签个字就可以将东西带走了。这是为什么呢？原来，商场或超市的收款电脑都与各大银行联网，当银行卡在刷卡机上刷过后，收银员就可以通过电脑操作进行转账，将消费者消费的金额从其卡中划出。刷卡消费减少了大量现金的流通，非常方便。

209 什么是虚拟演播室？

虚拟演播室是以计算机三维动画"虚拟"出的场景取代实景为主要特征的演播室。在这种拍摄场景下，拍摄对象主体只剩

下了主持人或演员，机位的运动取决于电脑中建立的虚拟场景，导演坐在电脑前与虚拟演播室软件的操作者来共同控制这个节目。

▶ 3D 虚拟演播室

210 恐龙是怎样在电影中"复活"的？

经过对恐龙的大量研究之后，电脑动画设计者在计算机中构造恐龙的骨架和整个外形，然后在骨架的作用下将研究出来的恐龙的运动特性仿真出来，这样，恐龙就活生生地在计算机中复活了。在电影中，动画师根据情节的要求设计恐龙的运动和行为，使它完成电影设定的故事情节，通过计算机的影像合成技术，将恐龙的计算机动画合成到人类的活动中来，完成电影的创作。

不可思议

人们发现始祖鸟化石与美颌龙化石很像，差别在于始祖鸟化石有羽毛的痕迹。这显示恐龙与鸟类可能是近亲。

211 什么是虚拟产品开发?

所谓虚拟产品就是存储在计算机中的一种数字产品模型，它可以模拟已经制造出的或者即将制造出的产品所具有的各种性能和特征。虚拟产品开发是基于虚拟产品和虚拟公司概念基础上的一种作业方式，也就是说在虚拟公司中设计和制造虚拟产品的过程。

在虚拟公司中，设计人员将工作中所需的各种信息数字化，并利用计算机网络提供给其他设计人员。他们运用各种工程技术，从事产品设计、分析制造、销售和其他活动。其中产品模型是关键，它完整地描述了产品设计、装配设计、零件设计全过程中的各种属性和相互关系，提供了在设计、制造、检测盒装配等环节的信息共享。这些人员分布在不同地点、无论何时何地。所有的人员既可以单独工作，也可以协同工作。所以，在虚拟公司中，人员还可以选择在家中工作呢!

▶ 网络虚拟产品工作

212 为什么计算机又叫电脑?

电脑其实就是我们几乎每天都会用的电子计算机。那么,电脑的名字又是怎么来的呢? 这是由于电子计算机能够代替人脑准确快速地完成各种复杂的计算工作,甚至在某些方面它们已经超过人脑的工作能力,可以看成是人脑的一种延伸。同时,又由于计算机依赖电能"生存",所以人们把计算机形象地称为电脑。现在,越来越多的人喜欢称计算机为电脑了。

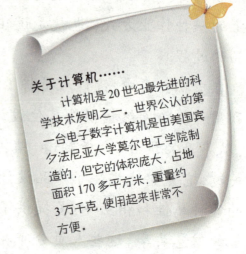

关于计算机……

计算机是20世纪最先进的科学技术发明之一。世界公认的第一台电子数字计算机是由美国宾夕法尼亚大学莫尔电工学院制造的。但它的体积庞大,占地面积170多平方米,重量约3万千克,使用起来非常不方便。

213 为什么计算机键盘的26个字母是打乱的？

坐在电脑前你就会发现，键盘上的26个字母的排列是没有按照顺序的，据说其原因是这样的：在19世纪70年代，肖尔斯公司是当时最大的专门生产打字机的厂家。由于当时机械工艺不够完善，容易发生两个字键绞在一起的现象，从而严重影响了打字速度。为了解决这个问题，设计师和工程师费尽心思将26个字母的排列顺序打乱了，把较常用的字母摆在笨拙的手指下，比如，字母"O""S""A"是使用频率很高的，却放在最笨拙的右手无名指、左手无名指和左手小指来击打。使用频率较低的"Y""J""U"等字母却由最灵活的食指负责。于是，这种"QWERTY"式组合的键盘诞生了，并且一直沿用至今。

214 为什么计算机会"说话"？

计算机没有喉咙、没有嘴巴，它是怎么说话的？计算机会说话是计算机语音合成研究的成果。计算机语音合成就是用计算机和专门装置来再现人能够听得懂的语音。把语音模拟信号变换成数字信号，然后按照一定的编码方式组成一个文件保存在存储器上。当需要语音输出时，计算机便直接从存储器中读取有关语音的存储信息，然后将数字信号转换成语音模拟信号，输入声卡和音响喇叭等语音输出设备，并通过播放软件输出。这样，计算机就实现了"说话"功能。

215 什么是纳米技术？

"纳米"是一种计量单位。纳米技术就是研究尺寸在1～100纳米范围内材料的性质和应用的技术。用纳米技术制造的材料，都由超精细颗粒构成，具有光、电、磁、力等各种特殊性能。

不可思议

在塑料制品中添加纳米复合塑料多功能添加剂，可以让制品具有抗菌性。而且制品的耐磨性、硬度等都会提高。

216 什么是声呐？

声呐就是利用水中声波对水下目标进行探测和定位的电子设备，是水声学中应用最为广泛、最为重要的一种装置。声呐技术如今已经有100多年的历史。世界上第一部声呐仪是1906年英国海军军官路易斯·尼克森发明的，它的声呐仪主要用来探测冰山。第一次世界大战时，这种技术才被用到战场上，用来探测水底的潜艇。声呐按其工作方式分为主动声呐和被动声呐两种。主动声呐发射声波后，声波遇到目标就反射回来。接收器接收到这种回波后，就知道目标的方位和距离了；被动声呐不发射声波，依靠接收螺旋桨转动或其他机械工作发出的声响发现敌人。

217 什么是克隆技术？

你能想象世界上出现另一个自己是什么样子吗？克隆技术就可以让这种想法变成现实。克隆是指由个体通过无性繁殖方式产生的基因型完全相同的后代个体，而这种人工制造生物克隆个体的技术则称为克隆技术。1996年，英国科学家伊恩·维尔特博士曾用一只成年羊的体细胞成功地克隆出一只小羊。

◀ 克隆羊

218 什么是转基因生物？

现代生物工程中出现了转基因技术，这种技术是借助某种酶从细胞中分离出含有特定基因的DNA片段，再把这个片段植入另一种生物体的DNA中。而这种植入了新基因的生物，就叫作转基因生物。日常生活中，我们听的最多的就是转基因大米、转基因大豆等，然而关于它的安全性人们一直争论不休。

▶ 转基因水果

219 什么是互联网?

互联网又称因特网,它是一个庞大、实用,又可共享的信息源。世界各地的人都可以用互联网共享资源,收发信息,而且互不影响,简直神奇极了。互联网上有许多网站,通过这些网站,人们可以搜索任何需要的信息。我们可以通过互联网和远在他

▲ 互联网

乡的朋友视频、聊天;可以买喜欢的书籍、零食;可以召开网络会议……总之,我们的生活彻底被改变了。未来,它还将给我们的生活带来更多的惊喜!

220 亿万人同时上网不会出现混乱吗?

亿万人同时上网不会出现混乱是因为人们上网时必须遵守网络协议。计算机通信涉及的领域比较多,有通信线路、传输技术等,这些领域都有各种协议。计算机将这些协议按层次进行分类和管理,并让网民们遵守,这样才保证了网上通信的井然有序。

关于网络协议……
网络协议包括语义、语法、时序三个要素。人们形象地把这三个要素描述为:语义表示要做什么,语法表示要怎么做,时序表示做的顺序。

221 为什么要用计算机售票?

计算机售票比人工售票手续简便、速度快、效率高,这一切主要归功于实现了"信息共享"的计算机网络,正是它才实现了准确、迅速、及时的信息传输。通过计算机的网络互联技术进行订票和售票,例如,在任何一个分售网点申请选购飞机票时,售票员可以立即通过计算机网络,查询旅客指定时间范围内的航班、机票等信息。如果你选定购买了某一航班的飞机票,你的姓名、性别、年龄等个人信息就被输入计算机系统,各个计算机售票网点都可以很方便地查到这些信息,这样就不会出现一票多卖了。

▼ 计算机售票

222 人真的可以穿越时空吗？

小朋友们一定看过许多古装电视剧，其中有许多穿越的剧情，剧中的男女主人公可以穿越到古时候或者未来，你一定很好奇人到底能不能穿越时空吧？其实，按照目前的科学水平来看，人是不可能穿越时空的。爱因斯坦的相对论也讲得很明白，凡是有质量的物质是无法达到光速，因此不可能逆时间而行，人也就无法穿越时空。

科学真相

光速是目前已知的最大速度。光速与任何速度叠加，得到的仍然是光速。这种速度的合成不遵从经典力学的法则，而遵从相对论的速度合成法则。

223 我们为什么离不开科学？

科学是一种与事实相伴而生的规律，它告诉我们"是什么""为什么"，让我们增长知识。千百年来，人们在科学领域取得了

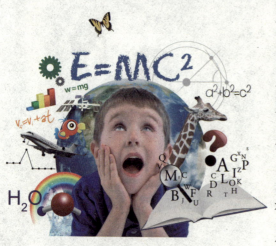

$E=MC^2$
$w=mg$
$a^2+b^2=c^2$
$v=v_s+at$
H_2O

很多卓越的成绩，给我们的生活带来了很多方便，例如电的发明、电脑的发明等。人类社会在不断地进步，遇到的问题也会越来越多，我们要搞清楚"是什么""为什么"这样的问题，就离不开科学，为此我们应该更加热爱科学。

224 为什么说人类追求科学知识永无止境?

　　人类社会的美好生活都是科学知识创造的结果。虽然我们今天已经过上了有高科技帮忙的便捷生活,但是这不代表我们可以停滞不前了,而且,我们现在还有很多问题无法给出科学的解释,例如恐龙是如何灭绝的? 百慕大三角区为何总是发生怪异事件? 某些疾病我们应该怎么来克服……这些问题都需要找到答案,没有弄清楚所有问题之前,人类就不会停止追求科学知识的步伐。

▲ 百慕大